21세기 데모론

21세기 데모론

변화를 이끄는 즐겁고 유쾌한
저항의 미디어

**Demonstrations in the Twenty-first Century:
Media, Festival and Social Change**

김경화
이토 마사아키
공저

들어가며: "데모는 그 자체로 미디어"

21세기, 진화하는 데모

2016년 초겨울부터 이듬해 초봄, 한국에서 계속된 일련의 데모(이하 "촛불집회")는 현직 대통령의 탄핵을 이끌어내고 평화적 정권 교체의 기폭제가 되었다. 교복 차림의 청소년, 아이의 손을 잡고 나온 부모, 주말 데이트를 반납한 젊은 연인들, 추운 날씨에 코트를 챙겨 입고 나온 장년층까지, 다양한 시민이 함께 촛불을 쳐들었다. 촛불집회는 살아있는 권력을 권좌에서 끌어내렸다는 정치적 위력에 못지않게 문화적으로도 흥미진진한 사건이었다.

촛불집회의 분위기는 비장하고 투쟁적이던 이전의 데모와 달랐다. 정치적 투쟁이라기보다는 문화 축제나 록 페스티벌이라는 표현이 더 어울리는 흥겨움이 넘쳤다. 사람들은 길거리를 어슬렁거리며 행진했으며 함께 촛불을 쳐들기도 하고 입 모아 노래도 불렀다. 재치 넘치는 단체 이름이 적힌 깃발 아래 모여 유머 넘치는 구호를 외쳤다. 코스프레나 페이스 페인팅을 하고 나온 젊은이도 있었고, 직접 만든 패러디 소품을 들고 나온 이도 있었다.

밝고 개방적인 분위기의 데모. 새로운 분위기가 감지되는 곳은 한국뿐 아니다. 웃음과 여유, 기이한 분장과 퍼포먼스가 뒤섞여 정치 투쟁을 하자는 것인지 축제를 벌이고 놀자는 것인지 알쏭달쏭한 데모가 세계 곳곳에서 출현하고 있다. 데모의 스타일이라는 측면에서 보자면, 비장한 정치 구호 일색이던 이전의 가두 행진은 "한물간 트렌드"라고 해도 좋을 지경이다.

21세기 들어 데모는 세계적으로 늘어나고 있다. 글로벌 금융자본을 중심으로 재편되고 있는 자본주의는 빈부 격차를 지속적으로 심화시켰다. 이 과정에서 경제적 불안과 사회적 고립으로 고통스러워하는 개인이 늘고 있다. 전 지구적으로 사회적 불안정성이 증폭되는 이런 상황이 데모의 증가 추세에 영향을 미쳤을 것이다. 인터넷과 모바일 미디어가 대중적으로 보급되면서, 개인이 사회적으로 의견을 표명하거나 비슷한 생각을 가진 동지를 규합하기가 쉬워졌다. 이 또한 데모가 증가하는 이유일 것이다.

이렇게 늘어나는 추세의 데모에서는 촛불집회에서 유감없이 발휘된 개방적이고 축제적인 분위기가 공통으로 발견된다. 데모라고 하지만 모여서 길가를 어슬렁거리면서 함께 걸으면 그것으로 그만이다. 공원을 점거해서도 회의를 하거나 같이 밥을 해 먹으면서 야단법석을 떤다. 정치적 의견을 표명하겠다는 것인지 집단 소풍을 즐기겠다는 것인지 도무지 알 수 없다. 특정 이슈에 대한 찬성 혹은 반대의 명확한 주장을 담았던 과거의 데모와 달리, 요구 사항이 이쪽저쪽으로 분산되어 있거나, 어떤 경우에는 딱히 무언가를 요구하는 듯이 보이지도 않는다. 예전이라면 흐지부지 실패한 데모라 할 만하지만, 데모대의 표정은 밝고 데모 현장은 유쾌하다. 준비하고 실행하는 과정에서는 예외 없이 인터넷과 소셜미디어가 활용된다.

이런 느슨한 데모에 비교하자면, 촛불집회는 "정권 퇴진"이라는 명백한 목표 의식 아래 질서 있게 움직였다. 하지만 시종일관 촛불집회를 지배한 분위기 역시 유쾌하고 흥겨웠다. 글로벌 트렌드라고 해도 좋을 개방적인 데모가 한국적으로 전개된 결과라고 해도 무리가 없다. 실험적 분장과 파격적인 퍼포먼스, 패러디와 풍자를 넘나들며 과격한 유머를 연출하는 세계의 데모에 비하자면 촛불집회가 너무 진지해 보일 지경이다. 21세기 전 지구적으로 진행 중인 데모의 변신을 어떻게 이해해야 할 것인가.

한국의 촛불집회와 일본의 반원전 데모

세계적 현상으로서 데모의 변화에 관심을 갖게 된 것은 십수 년째 일본에서 살고 있는 필자의 경험과도 관계가 있다.

일본도 한국에 못지않게 뜨겁던 데모의 시대가 있었다. 1960년대 베트남 전쟁이 발발하자, 일본 정부는 곧바로 미국을 지지하는 입장을 밝히고 미국의 군사작전을 위한 전초기지를 자처했다. 전쟁에 협력하는 정부에 반대하는 일본 시민들이 연대해 격렬한 반전 데모가 일어났다. 이른바 "베평련('베트남에 평화를! 시민연합'의 준말)"을 중심으로 수백만 명이 넘는 시민이 전국적으로 펼쳐진 반전운동에 참가했다. 이후에도 나리타 공항 건설 부지를 일방적으로 결정한 정부에 항의하는 지역 농민의 투쟁, 수은 공해로 생기는 "미나마타병"에 대한 주민 투쟁 등 60년대에서 70년대 일본에서는 데모가 끊이지 않았다.

하지만 이는 이미 반세기도 넘은 과거의 일이다. 일본에서 데모는 이미 사라진 역사가 되었다. 수만 명의 대학생이 연대한 "전공투(전학공투회의)" 운동이 비극적으로 끝난 뒤, 데모는 일본 사회에서 자취를 감췄다. 데모의 주축이었던 세력이 사회의 주 무대에서 사라졌을 뿐 아니라, 데모는 매스미디어의 관심에서도 멀어졌다. 때문에 일본 시민들이 간접적으로라도 데모 이야기를 접하는 것은 쉽지 않다.

그러다 보니 데모에 대한 시민의 시선도 냉담하다. 이웃 나라에서 대규모 데모가 있었다는 뉴스를 본 일본 시민의 반응은 "권력이 오죽 나쁜 짓을 했으면 저럴까."라는 와닿지 않는 연민 정도에 그친다. "일본에도 데모가 필요하다"고 주장하는 진보 지식인도 있다. 하지만 실상은 그들도 데모로 사회를 바꿀 수 있다고 믿지는 않는다. 일본 사회에서 그런 일은 단 한 번도 일어난 적이 없기 때문이다.

데모가 사라졌다고 시민운동이 퇴보한 것은 아니다. 전공투가 실패로 돌아간 뒤 일본 시민 사회는 국가를 상대로 싸우는 정치투쟁 대신, 지역 사회나 일상생활 속의 문제에 대한 해결 방법을 모색하고 실천하는 쪽으로 방향을 전환했다. 데모와 같은 일시적이고 가시적인 투쟁이 장기적인 개혁에 큰 도움이 되지 않는다는 냉소적 생각이 뿌리내리고는 있지만, 일본의 시민 사회도 나름의 문제의식 속에서 움직이고 있다.

　그러던 일본 사회의 분위기가 2011년 동일본 대지진 이후 변했다. 몇십 년 동안 자취를 감추었던 대규모 데모가 부활한 것이다. 일본에서는 대규모라고 해도 촛불집회처럼 몇백만 명이 집결하는 것은 아니고, 기껏해야 몇만 명이 함께 행진하는 정도이다. 몇백만을 넘어 천만 명 수준의 데모대가 거론되는 한국의 기준에서는 "애걔, 겨우?"라는 반응일지 모른다. 하지만 일본 시민 사회에서는 반세기 이상 데모가 없었다는 사실을 생각해보라. 데모를 계획하고 조직할 중심 세력도, 방법론을 전수할 선배도 없는 상황에서 몇만 명이 거리로 나선 것은 대단한 저항의 에너지가 분출된 사건인 것이다.

　되살아난 데모는 과거와 달랐다. 투쟁적 정치 구호와 일사불란한 스크럼 짜기, 엄숙한 윤리주의는 흔적도 없이 사라졌고, 강렬한 록 음악과 과장된 춤, 냉소와 유머가 넘치는 구호가 그 자리를 채웠다. 부활한 일본의 데모 역시 축제 분위기가 넘쳤다. 이렇게 변화한 데모

의 분위기에 자극받아 2012년에 출간된 책이 이 책의 공저자인 이토 마사아키의『데모의 미디어론: 사회운동 사회의 행방^{デモのメディア}^論』(치쿠마쇼보^{筑摩書房})이다. 동일본 대지진 이후 부활한 일본의 데모를 현장에서 기록하는 한편, 전 세계적인 데모 현상과 연결 지어 재치 있게 고찰한 책이다.

한국의 촛불집회와 일본의 반원전 데모는 흥겹고 축제적인 분위기라든가 휴대폰과 소셜미디어를 데모에 활용하는 방법론 등 공통점이 많다. 한국과 일본의 시민 사회는 이슈도 다르고 서로 다른 과제를 안고 있는 만큼, 동일한 기준에서 단순히 비교하는 것은 곤란하다. 하지만 적어도 축제처럼 흥겨웠던 데모라는 점에서는 비슷한 변화를 겪고 있다고 해도 좋을 것이다.

데모는 개별 사회의 문제가 곪아 터져 나온 결과이다. 여러 나라의 데모를 하나의 기준에서 이러쿵저러쿵 논하기는 어렵다. 그런데 데모의 스타일에 초점을 맞춘다면 이야기는 다르다. 한국의 촛불집회와 일본의 반원전 데모를 동일한 "축제형 데모"라고 볼 수도 있고, 더 나아가 세계 곳곳에서 출현 중인 새로운 데모 스타일을 논하는 것도 가능하다.

이 책에서는 역사적으로 다양한 데모를 경험, 실천해온 한국을 주된 사례로 하되, 이토 마사아키의『데모의 미디어론』에 소개된 일본과 세계 각국의 데모를 동일한 지평에서 논하려 한다. 데모의 스타일에 주목함으로써 전 세계에서 진행 중인 데모의 문화적 전환을 포착하려는 것이다.

"데모는 그 자체로 미디어"

전 세계적으로 변화하고 있는 데모를 이해하기 위해 이 책이 주목하는 키워드는 "미디어"이다. 일반적으로 미디어라고 하면 TV나 인터넷, 휴대폰 등 메시지를 전달하거나 콘텐츠를 송신하는 플랫폼을 떠올리는데, 정치적 메시지를 담는다는 의미에서 보자면 데모 역시 미디어라는 말에는 수긍할 만하다. 그런데 이 책에서 데모라는 미디어를 보는 관점은 좀 더 근본적이다.

촛불집회를 예로 들어보자. 촛불집회가 주장한 명시적 메시지는 "정권 퇴진"이었다. 개인이 집회에 참가한 동기라는 측면에서 명시적 메시지는 중요하다. 촛불집회는 대통령 탄핵을 이끌어냄으로써 이 정치적 주장을 관철했고, 실제로 이런 점이 촛불집회에 대한 많은 긍정적 평가와 관련되어 있다. 그런데 이 "정권 퇴진"만이 촛불집회의 유일한 정체성이라고 할 수 있을까? 촛불집회가 시종일관 고수했던 평화주의, 흥겨웠던 집회 분위기나 유머러스한 구호와 재치 넘치는 피켓, 기발한 패러디로 결실을 맺은 저항적 표현 문화, 청소년과 여성 등 다양성을 염두에 둔 배려 정신 등 집회 현장 곳곳에서 목격된 유연하고 개방적인 공생 감각은 "정권 퇴진"이라는 정치적 메시지와 직접적인 연관은 없을지언정 촛불집회의 중요한 요소였다. 데모가 주장하는 바가 아니라 데모를 실천하는 스타일 역시 데모의 정체성 중의 하나인 것이다.

명시적 주장만이 데모를 만들어내는 것은 아니다. 전반적인 현장 분위기, 데모에서 사용되는 도구, 데모대가 취하는 행동 등으로 드러나는 데모의 스타일 역시 중요하다. 데모의 명시적 정체성이 정치적 주장이라면, 암묵적 정체성은 스타일 속에서 드러나는 문화적 속성이라고 해도 좋다. 어떻게 보자면 데모의 스타일 속에 숨겨진 메시지가 명시적 주장보다 본질적이다. 데모의 명시적 주장은 주체의 의지에 따라 그때그때 변하지만, 데모의 스타일은 시대적 배경 속에서 조건 지어지는 집단행동의 방식이기 때문이다.

예를 들어, 과거 시민의 정치 행동에 대한 탄압이 거세던 시국에서는 필연적으로 투쟁적이고 과격한 데모 스타일을 취했다. 비장하고 투쟁적인 자세로 임하지 않았다면 엄중한 시국을 돌파하기 어려웠기 때문이다. 그에 비해 촛불집회의 시대적 상황은 매우 달랐다. 시민의 정치적 발언권이 보장되고 공권력의 대처는 유연했으며, 데모대는 스마트폰이라는 든든한 의사 표현 수단을 휴대하고 있었다. 다양성과 유연함을 추구할 수 있는 사회적 기반이 마련되어 있었던 것이다. 데모는 시대적 가치관과 사회적 조건 등이 복합적으로 반영된 집단행동의 플랫폼이다. 그리고 그 결과 데모의 스타일이 만들어진다.

데모의 스타일은 데모의 정치적 주장에 비해 잘 드러나는 요소는 아니다. 이 때문에 지금까지의 데모론은 데모의 스타일보다는 데모의 주장에 더 주목했다. 공저자 이토 마사아키는 데모가 주장하는 바에 중점을 두는 데모론은 데모의 "메시지론"이지 "미디어론"이 아니라고 단언한다. 촛불집회를 예로 들자면, "대통령 탄핵"이라는 명시적 주장에서 그 의미를 찾는 것이 촛불집회의 "메시지론"이라면, 스타일을 통해 간접적으로 표현된 "다양성에 대한 존중과 공생의 가치"에 의미를 부여하는 것이 촛불집회의 "미디어론"이라 할 수 있다.

데모를 미디어로 읽는 것은, 데모가 명시적으로 주장하는 메시지와는 다른 차원에서, 집단행동을 조직하고 시연하는 플랫폼의 시대적·문화적 의미를 탐구하는 것을 뜻한다. 이런 관점은 개별 데모가 주장하는 정치적 메시지에 한정 짓지 않고 다각도로 데모에 대해 탐구할 수 있는 길을 열어준다. 데모를 문화적 사건으로 탐구할 수 있을 뿐 아니라, 여러 나라가 안고 있는 이질적인 문제와는 다른 차원에서 데모의 글로벌 트렌드를 논할 수 있는 틀도 제공한다.

데모라는 미디어를 탐구하는 두 가지 전략

이 책이 데모라는 미디어를 탐구하는 전략은 두 가지이다. 첫번째는 시야를 최대한 넓혀서 21세기 이후 세계 각지에서 일어나고 있는 데모의 다양한 얼굴을 살펴보는 것이다. 한국 사회를 뒤흔든 촛불집회는 물론이요, 가깝게는 이웃 나라 일본의 반원전 데모, 더 나아가 세계 곳곳에서 벌어지고 있는 데모를 소개할 것이다.

두번째 전략은 데모에서 활용되는 미디어에 주목하는 것이다. 예를 들어, 데모와 소셜미디어의 관계를 탐구한다. 21세기 들어 소셜미디어가 데모의 중요한 요소로 회자되는 경우가 많은데 실제로 그러한가? 만약 그렇다면 구체적으로 어떤 방식으로 가능한가? 소셜미디어뿐 아니라 새로운 테크놀로지의 등장으로 인해 데모는 앞으로도 진화할지 모른다. 어떻게 진화할 것이며, 어떤 과제가 새로이 생길 것인가?

텔레비전을 시청하면서 트윗을 날리고, 유튜브로 최신 뮤직 비디오를 감상하며, 태블릿PC로 독서를 하는 등 우리의 미디어 환경은 말 그대로 하이브리드이다. 미디어로서 데모 역시 다양한 미디어와 테크놀로지의 영향을 받고 때로는 영향을 미치면서 새로운 정보 환경에 적응해왔다. 데모는 다양한 테크놀로지와 공명하고 진화하는 복합적 미디어이다. 데모라는 미디어를 탐구하는 작업은 데모라는 키워드를 통해 미디어를 탐구하는 작업이기도 하고, 더 나아가 미디어라는 키워드를 통해 시민 사회의 미래를 모색하는 길이기도 하다.

책은 위에서 설명한 두 전략에 따라 두 부분으로 구성했다. 제1부("데모라는 미디어")에서는 세계 각국의 데모를 가능한 한 다양하게 소개하고자 노력했다. 다양한 데모의 스타일을 망라함으로써, 미디어로서 데모를 논한다는 첫번째 전략에 따른 것이다. 뒤이어 제2부("데모의 미디어")에서는 벽보에서 소셜미디어, 최신 영상 기술까지 데모에서 활용되는 다양한 미디어를 소개했다. 하이브리드한 미디어 환경에서 데모가 어떻게 진화하고 있는지 고찰하는 데 중점을 두었다.

김경화가 "제1장 데모란 무엇인가", "제2장 촛불집회와 태극기집회", "제5장 부활, 혹은 진화하는 대자보", "제7장 홀로그램 속의 시민"을 집필했고, 이토 마사아키가 "제3장 일본의 저항자들", "제4장 세계의 저항자들", "제6장 트위터 혁명의 신화"를 집필했다. 이토가 집필한 장은 2012년 치쿠마쇼보에서 출간된 『데모의 미디어론』 중 일부로 김경화가 번역했다. 집필 과정에서 "유랑"(거점 없이 떠돌아다니며 연구하는 자들의 모임이라는 뜻에서 붙인 이름이다.) 연구회의 동료들과 토론한 경험이 큰 도움이 되었다. 연구자로서의 폭넓은 관심에 덧붙여, 현장 경험에서 비롯된 통찰력을 갖춘 그들과의 교류에서 많은 것을 느끼고 배웠다. 끝으로, 아이디어 수준이었던 출판 제안을 흔쾌히 받아들여 좋은 책으로 엮을 기회를 준 눌민 출판사 정성원 대표와 꼼꼼하게 원고를 다듬어준 편집자 문유진 씨에게 고마움을 표한다.

도쿄 시노노메에서

김경화

차례

제1부
데모라는 미디어

촬영: 김경화

2016년 11월 26일 서울 광화문 촛불집회에 나온 젊은 엄마와 어린 아들

제1장

데모란 무엇인가

데모, 테러리즘 그리고 미디어

김경화

촬영: 김경화

2018년 4월 28일 도쿄 중심가 신주쿠에서 개최된 성차별 반대 집회

데모란 무엇인가

데모란 많은 사람들이 한곳에 모여 구호를 외치거나 행진하는 등 집단행동을 통해 의견을 표명하는 것을 뜻한다. 특정 사안에 대한 의견을 밝히는 일종의 정치 행위인데, 데모를 벌일 권리는 "집회 결사의 자유"라는 이름으로 헌법에 보장되어 있기도 하다.

데모의 동기는 다양하다. 노사 갈등이나 지역 문제 등 특정 집단에 관련한 데모도 있고, 정부의 정책이나 환경 문제 등 사회의 거시적 방향성에 관한 데모도 있다. 한 기업에서 발생한 노사 갈등이 여러 기업의 연대 행동으로 번지기도 하고 결과적으로 국가의 노동 정책과 관련된 문제 제기로 이어지기도 한다. 특정 집단에 관련한 데모라고 해도 시민 사회의 방향성과 밀접한 관계가 있는 것이다. 때문에 데모는 시민들이 늘 관심을 가질 필요가 있을 뿐 아니라 참여 여부를 숙고해야 하는 중요한 사안이다.

데모라는 단어는 영어 "데몬스트레이션demonstration"의 약어로 "드러냄" 또는 "보여줌"이란 뜻의 라틴어에 어원을 두고 있다. 정치적 의견을 사회에 "드러내는" 것인 만큼, 데모는 일종의 세력 과시라고도 할 수 있다. 세력 과시라는 표현에 거부감이 들 수도 있다. 하지만 민주주의와 정당정치는 본질적으로 지지 세력의 크기에 따라 권력을 나누고 운영하는 시스템이다. 정치적 의견을 피력하거나 타인과 연대해 세력을 과시하는 행위는 합법적일 뿐 아니라 오히려 민주 사회의 시민에게 권장되는 덕목인 것이다.

　민주주의는 "최대 다수의 최대 행복"을 추구하는 공리주의에 근거한다. 가능한 한 많은 이의 행복을 추구한다는 사고방식이 언뜻 바람직하게도 들리지만, 잘 생각하자면 그리 쉽게 납득할 만한 내용은 아니다. 개인이 느끼는 행복은 무엇과도 대체 불가능하다. 다른 사람이 배불리 먹었다고 나의 허기가 달래지지 않고, 다른 사람이 기분이 좋다고 나의 두통이 사라지는 것은 아니다. 세상에는 타인의 행복에 기쁨을 느끼는 이타적인 인격자도 있지만, 이때 타인이 느끼는 행복과 인격자가 느끼는 행복은 이유도 내용도 전혀 다르다. 여러 명의 타인의 행복이 단 한 명인 나의 행복보다 더 가치가 있다고 판단할 근거는 없다. "나의 행복"을 "타인의 행복"과 교환 가능한 가치로 간주하는 것 자체가 모순인 것이다.

　공리주의는 최선책이 아니라 차선책이다. 구성원을 전원 만족시키는 것이 불가능하다는 사실을 인정하고, 다수의 의견에 따름으로써 불만하는 사람을 줄이고 사회를 안정적으로 운영하기를 도모하는 것이다. 실제로 이런 사고방식에 근거한 민주주의는 비교적 오랜 기간 안정적으로 사회를 운영하는 방법론이었다.

　다수결에는 약점도 있다. 다수의 의견이 항상 옳은 것은 아니라는 점이다. 사람들은 장기적으로는 바람직하더라도 당장은 고통스러운 해결책을 선택하기 싫어한다. 사안이 전문적일 경우에도 논리적인 해결책이 다수 대중의 선택을 받기 어렵다. 민주주의적 의사 결정이 처참한 실패로 막을 내린 역사적 사례도 허다하다. 철학자 소크라테스에게 사형선고를 내린 것은 민주정에 근거한 재판제도였고, 미치광이 히틀러에게 전쟁과 학살을 허락한 것은 독일 국민의 선거였다. 거듭 강조하지만 민주주의는 가장 좋은 결정을 하기 위한 방법론이 아니라 사회를 안정적으로 유지하는 방법론인 것이다.

대다수의 나라가 채택하고 있는 대의 민주주의에서는 다수결로 선출된 대표자가 권력을 행사한다. 스스로 대표자를 뽑기는 하지만, 몇 년에 한 번씩 돌아오는 선거나 부정기적인 국민투표 이외에는 시민이 정치에 참여할 방법이 없다는 것도 사실이다. 상시적으로 이루어지는 정치적 의사 결정 과정에서 당사자인 시민이 소외되기 쉽다는 점 역시 간접 민주주의의 약점이다.

바로 이럴 때에 데모가 역할을 발휘한다. 시민들은 연대하고 집단행동을 취함으로써 정치적 의견을 밝히고, 대표자들의 권력 행사에 이의를 제기하거나 수정을 요구한다. 결론적으로 말해 데모는 시민들에게는 항상 열려 있는 정치 참여의 수단이자, 민주주의의 허점을 보완하는 중요한 방법이다. 이 때문에 "집회 결사의 자유"를 헌법에 기본권으로서 보장하는 것이다.

집단행동의 두 얼굴, 데모와 테러리즘

시민의 집단행동으로서 민주주의를 유지하는 데에 데모가 중요한 역할을 하는 것은 사실이지만, 모든 집단행동이 늘 긍정적인 것은 아니다. 인명을 살상하거나 공동체를 파괴하는 부정적인 결과를 낳는 경우도 있다.

1923년 일본 간토 지방을 직격한 대지진은 근대 도시로의 위용을 자랑하던 도쿄를 처참하게 파괴했고, 수십만 명의 목숨을 앗아갔다. 지진 직후 대혼란에 빠진 도쿄에서 "조선인이 우물에 독을 풀었다"는 유언비어를 믿은 사람들이 민경단을 조직해 조선인 수천 명을 살해했다. 자발적인 집단행동이 잔인한 학살 행위로 번진 것이다.

사회적·정치적 의미를 따지자면 이런 집단행동은 민주 사회의 데모와는 전혀 다르다. 하지만 이런 사태 역시 사람들의 자발적인 연대에 의해 집단적으로 행동한 결과라는 사실을 무시할 수는 없다. 배타적인 사상에 근거하거나 이성적 판단이 결여된 집단행동은 끊임없이 발발하고 있다. 1995년 미국 LA 한인 타운에서 벌어진 폭동 사태, 2005년 프랑스 파리에서 벌어진 이민자들의 폭력적 소요 사태 등이 그런 사례이다.

한편 시민들의 정당한 데모가 폭력 사태로 번지기도 한다. 과거 한국에서도 데모 하면 화염병이나 최루탄, 폭력적 충돌 장면이 자연스럽게 연상되던 시절이 있었다. 하지만 이는 공권력의 무력적 탄압과 데모대의 저항이 부딪힌 상황에서 벌어졌다. 화염병과 쇠파이프가 난무하는 광경만 보아서는 폭동과 다르지 않아 보이지만, 폭력의 의도와 대상이 다르다는 점에서 구분해야 한다. 위에서 사례로 든 폭동은 시민과 공동체를 직접적 대상으로 삼아 폭력을 가한 사태였다. 시민의 정당한 의사 표명이 억압된 상황에서 불거진 폭력 사태와 동일한 잣대로 평가할 일은 아닌 것이다.

시민과 공동체에 폭력을 행사한다는 면에서 가장 해악을 끼치는 집단행동이 테러리즘이다. 집단행동의 역사를 오랫동안 탐구한 연구자들 사이에서 데모와 테러리즘은 목적은 상이하지만 유사한 메커니즘을 갖는다는 것이 정론이다.

18세기 서유럽의 역사에 대해 연구한 프랑스의 역사학자 조르주 르페브르$^{George\ Lefébvre}$(1874~1959)는 프랑스혁명은 데모의 시초이자 동시에 테러리즘의 시작이라고 단언한다. 프랑스혁명은 오랜 왕정을 무너뜨리고 자유와 평등이라는 민주주의의 근본 가치를 사회적으로 실현한, 세계사적으로 뜻깊은 사건이다. 이 사건의 주역은 왕족도 귀족도 아닌 도시 빈민과 농민, 여성 노동자 등 과거 정치 무대에서 완벽하게 소외되어 있던 이들이었다. 당시 프랑스 정치가들은 서민의 의견에 귀를 기울이기는커녕 그들의 삶에 관심조차 없었다. 정확히 말하자면, 이전의 왕정 체제는 사회를 운영하는 데 서민의 생각을 반영해야 한다는 발상 자체가 존재하지 않았다. 이런 생각을 근본적으로 뒤집어엎은 것이야말로 프랑스혁명의 성과라고 해야 할 것이다.

프랑스혁명은 민중 봉기의 형태로 수행되었는데, 그 구체적인 과정 속에서 파괴와 약탈, 폭력과 살해 등 거친 폭력이 동반되었다. 도시는 파괴되었고 수많은 이들이 목숨을 잃었다. 혁명 상황에서 폭력은 서민의 분노를 가시화하는 힘이었다. 폭력으로 인한 파괴와 희생을 경험한 뒤에야 사회 지배층은 서민의 존재를 깨달았고, 이들의 의견을 반영하지 않으면 더는 사회를 유지할 수 없다는 사실을 알게 되었다.

프랑스혁명은 데모를 통해 민주주의 이념을 구현한 세계사적 기념비와도 같은 일이지만, 동시에 폭력을 통해 정치적 개혁을 이끌어낸 최초의 사건이다. 때문에 프랑스혁명은 데모의 시초이며 테러리즘의 시작이라는 양면적 평가를 받는다. 수백 년이 흘러 민주주의가 보편적인 사회 운영 방식으로 자리 잡은 지금, 데모와 테러리즘에 대한 평가는 극과 극을 달린다. 데모는 공동체에 발전적·창조적 영향을 미치는 자발적인 시민운동으로 평가되지만, 테러리즘은 인명을 살상하고 공동체에 부정적 영향을 끼치는, 응징해야 마땅한 파괴적 범죄 행위로 배척된다.

미디어 환경의 변화와 집단행동

1990년대 말, 아시아의 신흥 경제국을 강타한 금융 위기는 변화의 소용돌이를 몰고 왔다. 다국적 기업과 금융자본에게는 살 길을 열어준 세계화와 신자유주의가 개인의 삶에는 큰 위협으로 다가왔다. 소득 격차는 나날이 커졌고 공동체는 해체되었다. 불안정하고 불균형적인 사회에 대한 불만을 표출하듯 세계 곳곳에서는 데모가 터져 나오기 시작했다.

여기저기에서 강도 높은 테러리즘이 출현하기 시작한 것도 그즈음이었다. 2001년 9월 11일은 전 세계의 사람들에게 잊을 수 없는 날이다. 세계의 강대국 미국의 심장부 뉴욕에서, 테러리스트들에게 납치된 항공기가 수백 명의 승객을 태운 채 110층짜리 월드트레이드센터 건물로 돌진했다. 글로벌 자본의 상징과도 다름없던 건물은 순식간에 무너져 내렸고, 수천 명이 목숨을 잃었다. "9.11테러"는 21세기의 시작을 피로 얼룩지게 했다.

이전부터 전조는 분명했다. 특히 1995년은 뜸했던 테러가 세계 곳곳에서 출현하기 시작한 불길한 해였다. 3월 일본 도쿄 중심가 지하철역에서 사이비 종교 집단이 무차별적으로 살인 가스를 살포한 일명 "옴진리교 사건"이 일어났다. 4월 미국 오클라호마에서는 급진주의적 기독교 신자에 의한 연방정부 건물 폭탄 테러로 수백 명이 죽거나 다쳤다. 11월에는 급진주의 유대교 신자가 이스라엘의 라빈 수상을 암살해 모처럼 중동 지역에 찾아왔던 평화 무드에 찬물을 끼얹었었다. 1995년이 서막이었다면 "9.11테러"는 테러리즘이 본격적인 포문을 연 사건이었다. 이후 현저히 증가하고 있는 테러리즘은 21세기 국제 정세에 영향을 미치는 가장 위험스러운 변인이다.

데모와 테러리즘. 사회적 의미도 파급 효과도 전혀 다르지만, 동일하게 프랑스혁명으로부터 비롯되었다고 지목된 두 흐름이 비슷한 시기에 활발해지는 상황을 어떻게 이해해야 할까? 이 책이 주목하는 것은 미디어 환경의 변화이다.

데모가 의견을 표명하는 정치적 행위라면, 테러리즘은 극단적인 주장과 세력을 과시하는 폭력 행위이다. 데모도 테러리즘도 궁극적인 목표는 자신의 생각을 세상에 널리 알리는 것이다. 그런 측면에서 미디어만큼 활용하기 좋은 수단이 없다.

실제로 데모와 테러리즘이 세상에 알려지는 메커니즘은 매스미디어와 떼려야 뗄 수 없는 관계를 맺고 있다. 데모는 매스미디어의 뉴스가 됨으로써 사회적인 이슈로 공론화된다. 데모의 규모가 클수록 뉴스가 되기 쉽다. 데모의 주장에 동조하는 세력이 크다는 뜻이므로 매스미디어가 보도할 만한 사안이라고 판단하는 근거가 되는 것이다.

한편 테러리즘은 매스미디어의 부정적인 측면을 홍보 전략으로 활용한다. 테러리스트들은 다른 이의 목숨을 위험으로 내몰거나 스스로의 목숨을 내놓는 등 잔혹하고 과격한 장면을 실제 상황으로 연출한다. 테러 현장을 중계하는 TV 속보는 테러리즘이 얼마나 위험한가에 초점을 맞추어 해설하겠지만, 뉴스 속에서 재현되는 충격적인 장면은 과격한 액션 영화의 악역인 양 테러리스트의 존재를 부각하는 결과를 낳는다. 테러리즘은 그로테스크하고 잔혹한 리얼리티 프로그램과 같은 방식으로 전 세계의 미디어 채널을 순식간에 점령한다.

예를 들면, 9.11 테러는 각국의 매스미디어를 통해 즉각 전 세계에 중계되었다. 테러 직후 미국의 매스미디어는 참혹한 테러 현장에 대한 영상 취재와 보도를 최소한으로 제한하는 자제력을 발휘했는데, 전 세계적인 선전 효과를 노리는 테러리스트에게 협조하지 않겠다는 의지였다. 그럼에도 불구하고, 미국의 심장부 뉴욕에서 일어난 충격적인 공격 영상은 전 세계에서 수만 번, 수십만 번 되풀이해 전파를 탔다. 그 상징적 효과는 상상을 뛰어넘는다. "9.11 테러"라고 하면 전 세계 수억 명의 사람들은 승객 수백 명을 태운 여객기가 월드트레이드센터로 돌진하는 장면을 곧바로 떠올린다.

21세기 들어 급변하고 있는 미디어 환경이 데모와 테러리즘의 변화에 미치는 영향은 결코 작게 볼 일이 아니다. 긍정적이든 부정적이든 미디어는 데모와 테러리즘의 존재를 세상에 알리는 촉매로서 결정적 역할을 해왔다. 특히 인터넷의 등장은 매스미디어의 영향력에 의존했던 과거와는 달리 다양한 선전 전략을 가능케 했다.

우선 데모의 경우를 보자. 이제는 데모의 주장을 알리기 위해 오로지 매스미디어의 기사 송출을 기다릴 필요가 없어졌다. 인터넷 게시판이나 소셜미디어, 투고형 동영상 사이트 등을 이용해 다수와의 직접적 소통이 가능해졌다. 다양한 관점이 공존하는 소셜미디어에서 매스미디어와는 다른 관점으로 이슈를 공론화할 수도 있고, 이용자 투고 사이트에서 자신의 주장을 직접 웅변할 수도 있다.

인터넷은 데모의 홍보뿐 아니라 연대, 조직, 수행 과정에도 영향을 미쳤다. 과거에는 시민들이 의기투합해 정치적으로 연대하는 과정에 "맞대면"이라는 단계가 반드시 필요했다. 시민들은 서로 만나 의견을 나누고 얼굴을 보며 토론했다. 그 안에서 데모를 계획하고, 알음알음으로 참가자를 늘려나갔다. 그에 비해 요즘의 데모는 인터넷에서 시작되고 네트워크에서 마무리된다. 만난 적이 없는 사람들이 웹사이트를 매개로 정치적 의견을 공유하고 연대하며, 소셜미디어를 통해 데모의 스케줄을 알려나간다.

이런 변화는 테러리즘에서도 감지된다. 테러리스트가 소셜미디어나 동영상 사이트에 직접 등장해 주장을 펴거나 살상을 예고, 중계한다. 엽기적인 테러가 증가하는 것도 선정적인 미디어 전략과 무관하지 않을 것이다. 새로운 미디어 환경을 무기 삼아 부정적인 파급 효과를 노리는 것이다.

볼거리와 퍼포먼스, 데모의 또 다른 정의

전통적인 정의에서 데모는 시민 사회라는 추상적인 공간에서 벌어지는 정치적 행위이다. 하지만 미디어와의 관계에 주목하자면 데모는 도시 공간에서 펼쳐지는 스펙터클한 볼거리라고도 할 수 있다. 수많은 익명의 배우들이 기꺼이 거리와 광장이라는 무대에 올라 "시민"이라는 역할을 수행한다. 자발적인 배우들에 의해 연출된 데모는 TV, 신문, 인터넷 등 다양한 미디어의 콘텐츠로 재구성되어 송출된다. 데모대가 발맞춰 행진하는 장면, 입을 모아 함께 지르는 함성, 촛불을 들어 올리는 감동적인 순간, 공권력과 실랑이를 벌이는 일촉즉발의 장면 등이 콘텐츠(뉴스 보도, 신문 기사 혹은 동영상 클립 등)로 패키지화되어 전파를 타는 것이다.

이 콘텐츠는 매스미디어뿐 아니라 소셜미디어의 타임라인, 투고 동영상 등으로도 재빨리 갈무리되어 퍼져나간다. 가판대의 신문, 거실에 놓인 TV뿐 아니라 주머니 속 스마트폰과 태블릿 미디어, 거리 곳곳에 설치된 전광판까지 일상생활의 구석구석을 미디어와 네트워크가 점령하고 있는 시대인 만큼, 볼거리로서의 중요성은 더더욱 커지고 있다.

데모의 스타일은 나날이 시각적으로 다채로워지고, 그 속에서 다양한 퍼포먼스가 연출된다. 데모는 점점 더 볼만한 볼거리가 되고자 한다. 그렇게 함으로써 더 많은 미디어의 콘텐츠로 전환되고, 결과적으로 더 많은 이에게 주장을 전달할 수 있기 때문이다. 그런 면에서 보자면, 다양해진 미디어 플랫폼과 정밀해진 정보 네트워크야말로 지금의 데모 스타일을 연출한 주역일지도 모른다. 매스미디어가 세상의 중요한 정보 채널을 독점하고 있던 시절에는 가능한 한 대규모로 데모를 벌이는 것이 무엇보다 중요했다. 물리적으로 세력을 과시함으로써 "뉴스"로 다룰 만한 가치가 있다는 것을 강력히 주장할 필요가 있었기 때문이다. 이 과정에서 때로는 과격하고 폭력적인 행동이 튀어나왔고, 이 역시 부정적인 의미에서 뉴스 소재가 되었다.

다양한 정보 채널이 존재하고 촘촘한 인적 네트워크가 충실하게 역할을 하는 지금은 보다 유연한 전략이 가능해졌다. 매스미디어의 중앙집권적이고 독점적인 정보 발신에 의존할 필요성은 갈수록 옅어지고 있다. 분산적이고 동시다발적인 네트워크 속에서 소규모로 움직여도 화제를 만들어낼 수 있기 때문이다. 데모대의 규모를 과시하는 것보다 입소문이 될 만한 에피소드를 여기저기에서 시전해 소셜미디어가 데모에 대한 이야기로 왁자지껄하게 만드는 것이 효과적이다. 새로운 환경 속에서 데모의 스타일도 바뀌고 있는 것이다.

이런 측면은 테러리즘에서도 동일하게 나타난다. 시청률을 높이기 위해 선정적인 사건을 골라 보도하는 황색 저널리즘과도 같이, 테러리즘은 한층 더 선정적이고 엽기적인 볼거리로 진화하고 있다. 갈수록 폭력적이고 잔혹한 테러가 늘어나는 배경인 것이다.

인터넷의 등장은 집단행동의 스타일과 내용에 큰 변화를 가져왔다. 새로운 변화는 건전한 연대를 통해 시민 사회를 활성화하는 힘이 될 수도 있지만, 공동체를 파괴하고 인명을 살상하는 부정적인 동력이 될 수도 있다.

분명한 것은 데모의 메커니즘과 미디어의 관계가 그 어느 때보다도 긴밀하다는 점이다. 한국 사회에서 이 새로운 국면이 극적으로 드러난 사건이 바로 촛불집회였다. 최첨단 미디어로 꽉 찬 도시, 어둠이 내린 시각에 수많은 군중이 동시에 촛불을 치켜드는 광경은 최고의 시각적 퍼포먼스였다. 볼거리와 퍼포먼스라는 데모의 새로운 얼굴은 시민 사회에 어떤 화두를 던지고 있는가? 다음 장에서는 촛불집회와 태극기집회를 통해 그 의미를 짚어본다.

제2장
촛불집회와 태극기집회
한국 사회와 데모

김경화

2016년 11월 26일 정권 퇴진 구호를 외치며 청와대 근처로 행진하는 촛불집회 참가자들

대한민국 헌법은 데모로 시작한다

대한민국 헌법의 첫 문장을 장식하는 사건은 "데모"이다. 대한민국 헌법은 "유구한 역사와 전통에 빛나는 우리 대한국민은 3.1운동으로 건립된 대한민국 임시정부의 법통"으로 시작해 "불의에 항거한 4.19민주이념을 계승하고"로 이어진다. 3.1운동은 1919년 3월 일제 식민 지배에 항거하기 위해 대규모로 전개된 민중 데모, 4.19는 1960년 대학생과 시민이 앞장서 이승만 정권의 불법적인 장기 독재에 종지부를 찍은 데모이다.

헌법의 첫 구절이 데모라는 점은 상징적이다. 한국 사회와 데모는 끊으려야 끊을 수 없는 인연으로 맺어져 있다. 암흑 같던 군사정권 시절에 계속된 대학생과 노동자들의 항거, "6.29민주화선언"의 계기가 된 1987년 6월항쟁, 2017년 현직 대통령의 탄핵을 이끈 촛불집회까지, 데모는 한국 사회를 진보시킨 힘이었다. 한편으로 데모는 한국사의 가장 비극적인 장면에서도 빠지지 않았다. 이념 혼란이 극심했던 해방 직후 무고한 시민들이 다수 희생된 제주 4.3항쟁, 1980년 신군부에 반대하던 수많은 시민들이 목숨을 잃은 광주 5.18민주화운동 등은 데모를 배경으로 벌어진 가장 뼈아픈 경험이었다.

데모를 빼고 한국 사회를 논할 수 있을까? 명백하게 "노!"라고 답하겠다.

2017년 봄, 촛불집회를 돌이켜보다

2017년, 한국 사회는 다시 한 번 데모의 힘을 경험했다. 2016년 초겨울에 시작되어 해를 넘겨 계속된 릴레이 데모는 현직이던 박근혜 대통령을 탄핵, 파면했다. 데모가 한 시대를 공식적으로 끝낸 것이다.

대통령의 퇴진을 요구하는 대규모 집회가 서울 도심에 처음 등장한 것은 2016년 10월 29일이었다. "모이자! 분노하자! #내려와라_박근혜 시민 촛불"이라고 이름 붙여진 이 데모에는 5만여 명(주최 측 발표)이 광화문 광장 등지에 모여 대통령 퇴진 구호를 외쳤다.

2013년 국가정보원 여론 조작 사건, 2014년 세월호 침몰 사고 등 박근혜 정부의 잇따른 실정을 비판하는 데모는 이전부터 계속되고는 있었다. 특히 당시는 데모 중 의식을 잃은 농민 활동가 백남기가 병원에서 끝내 숨을 거둔 뒤, 경찰의 과잉 진압에 항의하는 데모가 이어지고 있을 때였다. 이런 움직임이 대통령의 퇴진을 단호하게 요구하는 대규모 집회로 확산된 직접적인 계기는 한 방송사의 특종 보도였다.

10월 24일, 민영 방송사 JTBC의 저녁 뉴스 프로그램에서 충격적인 특종 보도가 전파를 탔다. 박근혜 대통령의 오랜 지인으로 수십 년 동안 근거리에서 보좌해온 최순실의 개인 태블릿PC 속에서 청와대 보안 문서와 대통령 연설문 등 나라의 극비 문서들이 발견되었다는 내용이었다. 태블릿PC에는 청와대에서 보낸 기밀문서가 공개되기 이전의 미완성 상태로 고스란히 저장되어 있었을 뿐 아니라, 수정 지시를 한 흔적 등 오히려 청와대에 지시를 내린 듯한 정황이 뚜렷하게 남아 있었다. 소문만 무성했던 비선 실세에 의한 국정 농단 사태가 만천하에 드러나는 순간이었다.

뒤따른 후속 보도는 최순실과 그의 가족의 사적인 이익을 도모하는 데 국가권력이 동원된 상황을 하나하나 입증했다. 권력을 뒤에 업고 딸을 명문 대학에 입학시키고 국가 예산을 동원해 딸의 승마를 지원하는 등 비선 실세가 마구잡이로 권력을 휘두른 사태에 시민들은 아연했다. 박근혜 정권에 호의를 표하던 보수층마저 등을 돌렸다.

성난 민심은 대규모 데모로 폭발했다. 최순실의 박근혜 정권 농단에 대한 새로운 폭로가 계속되는 가운데 시민단체들은 "박근혜정권 퇴진 비상국민행동"(http://bisang2016.net/)이라는 연합체를 조직했다. 이후 이 연합체가 대통령의 탄핵을 요구하는 데모의 컨트롤 타워 역할을 했다. 특종 보도가 전파를 탄 지 5일째인 10월 29일 토요일, 첫번째 항의 데모가 도심에서 펼쳐졌다. 경찰 추산 1만 2,000명, 주최 측 추산 5만 명이 거리로 나섰다.

이후 집회 참가자는 기하급수적으로 늘어났다. 11월 5일 두번째 집회에서 참가자가 30만 명으로 늘어나더니 11월 12일에는 일주일 만에 100만 명을 돌파했다. 국회에서 대통령 탄핵안이 결의되기 직전이던 12월 3일에는 영하의 추운 날씨에도 불구하고 230여만 명이 광화문 광장으로 모여들었다.

　12월 6일에 탄핵안이 국회에서 의결된 뒤에도 기세는 누그러질 줄을 몰랐다. 12월 10일에 100여만 명, 17일에 77만 명, 연말 분위기가 무르익은 크리스마스이브에 70여만 명, 12월 31일에도 무려 110여만 명이 거리로 나섰다. 해가 바뀐 뒤에도 매주 주말 대규모 촛불집회가 개최되었고 수십만 명이 넘는 시민이 꾸준히 참가했다. 3월 10일 헌법재판소는 재판관 만장일치로 탄핵안을 인용, 박근혜를 대통령직에서 파면했다. 촛불집회의 긴 여정은 탄핵이 결정된 다음 날인 2017년 3월 11일까지 총 20차례나 이어졌다. 영하 10도를 오르내리는 엄동설한에도 데모에 참가한 시민은 누적 1,600여만 명(주최 측 추산)에 달했다.

자유롭고 개방적인 분위기의 데모

시민들이 촛불집회를 통해 전달한 메시지는 명백했다. 비선에 좌지우지될 정도로 무능하고 무력한 국정 운영을 당장 중지하라는 것이었다. 4개월 동안 비폭력적으로, 그러나 쉼 없이 계속된 데모는 살아 있는 권력을 권좌에서 끌어내렸다. 가장 이상적인 방식으로 정권 퇴진을 실현한 것이다.

　한국 역사 속에서 데모가 정치적 변화를 이끌어낸 경우는 적지 않았다. 4.19를 계기로 이승만 대통령이 하야했으며, 1987년 6월항쟁은 대통령 직선제 개헌을 이끌어냈다. 시민이 주도해 정치를 개혁했다는 측면에서 보자면, 촛불집회 역시 지금까지의 흐름에서 크게 벗어나지 않는다.

그런데 데모의 스타일이라는 측면에서 보자면 촛불집회는 이전과는 크게 다른 특징이 있었다. 과거의 데모를 지배하던 엄숙주의와 비장한 분노가 사라지고, 축제라고 불러도 무색하지 않을 흥겨운 분위기가 그 자리를 대신했다는 점이다.

촛불집회는 정치 집회였지만 동시에 거대한 스케일의 퍼포먼스의 장이었다. 많은 사람이 참여할 수 있도록 본 집회는 저녁 시간으로 계획되었지만 광장은 낮부터 집회를 "즐기는" 시민들로 술렁댔다. 정권 퇴진 구호를 쓴 피켓과 유인물을 든 채 어슬렁거리는 시민들의 무리를 배경으로, 힙합이나 트로트, 아이돌 그룹의 경쾌한 리듬이 울려 퍼졌고, 리듬에 맞춰 노래를 하거나 허우적거리며 댄스 퍼포먼스를 벌이는 젊은이도 있었다. 추운 날씨에도 독특한 복장으로 눈길을 끄는 사람, 코스프레를 하고 인증 사진을 찍어주는 사람도 있었다. 풍자의 의미로 기발한 패러디 소품을 만들어 들고 나온 시민도 있었다.

"박근혜정권 퇴진 비상국민행동"의 기치 아래 모인 단체는 2,400여 개가 넘었다. 각양각색의 깃발이 넘실거리는 광장에서 다양한 참가자가 함께 행진하고 구호를 외쳤다. 노동자와 대학생은 물론이요,

양복 차림의 샐러리맨과 전업주부, 주말 데이트를 반납하고 데모대에 합류한 젊은 연인들, 투표권이 없는 청소년과 외국의 관광객도 시국 발언대에 올라 의견을 피력했다.

데모대의 분위기는 유머 감각이 넘쳤다. 노동자연합 깃발 아래의 데모대는 "일하지 않는 대통령을 해고한다!"라고 외쳤고, "홈리스연대" 깃발 아래 모인 사람들은 "청와대, 방 빼!"라고 목소리를 높였다. 소셜미디어를 통해 즉흥적으로 조직된 "장수풍뎅이 연구회", "민주묘총", "트잉여연합" 등 유머러스한 깃발을 든 데모대도 있었다. "범야옹연대"의 피켓에는 "고양이도 **하야**아아악!", "나라가 평안해야 **냥이**도 행복하다."라고 쓰여 있었다. 권력자에 대한 항의 행동이라기에는 지나치게 여유가 넘친다 싶을 정도였다.

거리에 어둠이 깔리면 촛불집회의 제2막이 시작되었다. 광장에 모인 사람들은 하나둘씩 촛불을 켜 거리를 밝히기 시작했다. 양초에 불을 붙여 감싸고 걷는 사람, 마치 촛불처럼 LED전등을 치켜든 사람, 촛불 이미지가 넘실거리는 스마트폰 앱 화면을 쳐들고 있는 사람도 있었다. 크리스마스이브 저녁의 집회에는 산타 복장을 한 데모대와 "박근혜 구속 트리"도 등장해 촛불이 켜진 광장에 낭만스러운 분위기를 더했다.

광장을 빙 두른 포장마차촌과 간이 상점은 쌀쌀한 겨울 저녁에 거리로 나선 시민들에게 큰 인기였다. 환할 때에는 스티커와 피켓, 양

초 등 시위용품을 구입하는 참가자들로 붐볐고, 날이 어두워지고 기온이 떨어지면 어묵과 따뜻한 국물로 몸을 녹이는 사람들로 발 디딜 틈이 없었다.

본 집회가 시작되고 어둠이 짙어질수록 광장의 흥분은 더해갔다. 무대에서는 정치적 발언과 흥겨운 공연이 번갈아 가며 펼쳐졌다. 거리 곳곳에 설치된 이동식 대형 스크린에서 본 무대를 중계했다. 데모대는 진행자의 지시에 따라 구호를 외치거나 촛불을 치켜드는 "파도타기"에 참가했다. 데모대가 모두 함께 촛불을 꺼 광장을 암흑으로 만드는 "저항의 1분" 소등 퍼포먼스로 집회는 절정에 달했다. 한겨울의 추위 속에서도 데모대의 표정은 밝아서, 정권 퇴진 구호를 외친다는 점을 제외하자면 야외 콘서트나 퍼블릭뷰잉^{public viewing}(공공장소에서 모여서 대형 스크린으로 스포츠 경기 등을 함께 관람하는 행사)을 위해 모인 군중과도 같았다.

축제같이 흥겨운 데모는 이번이 처음이 아니었다. 2008년 미국산 쇠고기 수입에 반대하는 촛불 시위에서는 마치 십여 년 뒤 촛불집회의 리허설이라도 하는 듯, 다양하고 유연한 스타일이 시도되었다.

"촛불 시위"라는 이름이 상징하듯 2008년의 데모에서도 촛불이 소도구로 적극 활용되었다. 저녁 시간 퇴근길 시민이 참여한 집회는 촛불을 들고 행진하는 "비투쟁적" 스타일을 선호했다. 먹거리 안전성에 대한 이슈가 걸린 만큼, 데모대의 면면부터 이전과는 달랐다.

자녀와 유모차를 동반한 젊은 부모들, 하루 일을 마치고 퇴근길에 데모대에 합류한 샐러리맨, 정부의 교육정책에 반감을 가진 중고등학생이 합류한 것도 화제였다. 이 데모는 처음에는 공권력과 대치하는 투쟁은 최대한 자제하는 대신, 촛불을 들고 거리를 행진하며 구호를 외치는 온건한 방식으로 계획되었다. 유명 연예인의 잇따른 지지 선언과 합류에 힘입어, 데모 현장에서 즉석 공연을 갖는 등 문화제 스타일이 시도되었다. 휴대폰 카메라로 촬영된 데모 현장의 기록 사진이 인터넷 게시판에 바로바로 업로드되었다. 스마트폰이 대중적으로 보급되기도 전이었지만, 휴대폰과 무선 인터넷으로 거리의 데모대를 실황중계하는 상황은 "스트리트 저널리즘"이라는 신조어를 만들어냈다. 집회 현장 주변에 포장마차가 본격적으로 등장한 것도 이때가 처음이었다.

하지만 이후 경찰이 차벽과 물대포 등을 동원해 강제 해산에 나서면서 분위기는 순식간에 반전되었다. 강력한 진압 수단을 들고 나온 공권력과 대치하면서 시위대의 분위기는 경직되었고 폭력도 동원되었다. 평화로운 데모 스타일이 싹트는가 했다가 금세 짓밟혀 버린 것이었다.

자유롭고 개방적인 데모 스타일은 그로부터 8년 뒤 2016년 겨울에 시작된 촛불집회에서 비로소 꽃폈다. 2008년의 촛불 시위와 촛불집회의 연결 고리를 찾기는 어렵지 않다. 두 데모를 이끈 리더십은 동일하게도 진보적 시민 세력이었다. 비록 실패는 했지만 2008년의 촛불 시위를 통해 평화적이고 유연한 방식으로도 데모를 힘 있게 전개할 수 있다는 자신감이 있었을 것이다.

한편 2008년의 촛불 시위가 휴대폰 카메라와 무선 인터넷으로 시위 현장을 중계하는 "스트리트 저널리즘"이 수면 위로 부상하는 계기였다는 사실도 의미심장하다. 개방적이고 유연한 데모 문화가 새로운 미디어 환경과 무관하지 않다는 점을 시사하기 때문이다. 실제로 촛불집회에서는 TV와 스마트폰 속에서 구현된 화려한 시각적 표현이 그 어느 때보다도 큰 활약을 했다. 어둠이 깔린 촛불집회에서 시민들의 촛불이 광장을 꽉 채우고 "정권 퇴진" 구호가 울려 퍼지는 순간은 TV와 인터넷에서 동시에 생중계되었다. 촛불집회는 주말 저녁의 황금 시간대, 복수의 미디어와 복수의 플랫폼을 점령한 초대박 미디어 이벤트였다.

광장 곳곳의 크고 작은 에피소드는 소셜미디어와 실시간 동영상 사이트에서 끊임없이 중계되었다. 유머러스하거나 훈훈한, 때로는 긴장감 넘치는 순간이 정보 네트워크와 디지털 입소문을 타고 빠르게 세상으로 퍼져나갔다. 재미있고 기발한 데모대의 모습은 휴대폰 사진으로 갈무리되어 소셜미디어로 옮겨졌고 이용자들의 "리트윗"을 통해 전 세계로 퍼져나갔다. 촛불집회는 수많은 이들의 스마트폰 속에서 동시다발적으로 상영되었다. 그런 면에서 보자면 거리에 나서 집회에 참가하지 않았더라도 소셜미디어를 들여다보면서 입소문 네트워크에 가담한 청중들 역시 촛불집회의 주연이었다.

촛불집회와 태극기집회

촛불집회는 유연하고 개방적인 스타일의 데모였다. 위트가 넘치는 피켓을 들고 자유롭게 걸으며 어두운 밤에 촛불을 쳐드는, 어딘가 낭만적인 분위기마저 감도는 서정적 스타일의 데모였다고 해야 할 것이다.

그에 비해 촛불집회에 "맞불"을 놓으며 등장한 보수 단체의 탄핵 반대 시위, 이른바 "태극기집회"는 상반된 정치적 입장만큼 데모의 스타일도 판이했다. 탄핵 전에는 대통령 탄핵 반대, 탄핵이 가결된 뒤에는 탄핵 무효화를 요구한 이 데모는 참가자들이 촛불 대신 태극기를 들었다는 의미에서 태극기집회라는 이름이 붙었다. 국가주의적 가치를 우선시하는 보수 성향의 시민들이 주축이 된 만큼 정치적 지향성과도 잘 맞는 이름이다.

개방적이고 유머가 넘치던 촛불집회와는 달리 태극기집회는 결연한 엄숙주의가 분위기를 지배했다. 크고 작은 태극기를 들고 나온 데모 참가자들은 "탄핵 무효", "대통령 무죄 석방" 등 요구 사항을 쓴 피켓을 들고 행진했다. 일사불란하게 구호를 외치며 격한 분노를 표현하기도 했다. 확성기를 통해 엄청난 음량의 가요도 흘러나왔지만 구호나 피켓 문구, 참가자들의 굳은 표정에는 위트나 농담이 끼어들 틈은 없었다.

촛불집회가 해가 진 뒤 어둠과 소도구인 촛불을 최대한 활용해 촛불 파도타기 등 화려한 시각 효과를 연출한 데에 비해, 낮 시간에 주로 진행된 태극기집회는 함께 행진하며 구호를 외치는 "전통적"인 스타일을 고수했다. 참가자들의 연령층은 비교적 높은 편으로, 군사정권 시절 박정희 대통령의 트레이드마크였던 선글라스를 착용한 이들도 있었다. 일부 참가자는 경찰과 언론에 폭력을 휘두르는 등 거친 행동을 보였고 실제로 유혈 사태가 벌어지기도 했다. 집회 현장을 지배한 분위기는 팽팽한 긴장감과 억눌린 분노였다. 섣불리 농담이라도 던졌다가는 반역자로 찍힐 것만 같은 경직된 분위기였다.

태극기집회의 진지하고 투쟁적인 분위기는 이 데모가 조직된 배경이나 참가자들의 특성과도 관련이 있다. 탄핵 촉구 데모에 "맞불"을 놓기 위해 조직되었지만, 엄청난 규모의 촛불집회에 대항하기에는 압도적 열세였다. 작은 세력을 조금이라도 만회하기 위해서라도 단합해 움직이는 것이 더 유리했을 것이다. 보수 진영은 진보 세력에 비하자면 대중적 선전 활동의 경험도 일천하다. 다채로운 시위 전략을 고안하는 데에도 한계가 있었을 것이다. 태극기집회 참가자들이 일당을 받고 동원되었다는 의혹도 일부에서 제기되었는데, 사실이라면 이 역시 딱딱한 분위기를 뒷받침한다.

태극기집회는 정치권력을 옹호하는 보수 세력의 데모였다. 정치적 맥락이나 조직 메커니즘이라는 측면에서 보자면 한국 정치사에 족적을 남겨온 시민운동의 연장선으로 보기는 어렵다. 그런데 근엄한 윤리주의, 대상에 대한 격렬한 분노, 단결된 모습을 중시하는 분위기 등은 80, 90년대 노동운동과 학생운동을 연상시킨다. 일사불란하게 움직이고 스크럼을 짜고, 때로는 격한 구호로 분노를 표출하는 스타일은 과거의 데모와 닮았다. 태극기집회뿐 아니라 과거의 데모의 엄숙한 분위기 속에서도, 촛불집회에서 빛을 발한 다양한 몸짓이나 유머 감각은 허용되기 어려웠을 것이다.

촛불집회가 촛불을 드는 스타일 속에서 다양성과 여유로움, 공생과 유머 감각을 표현했다면, 태극기집회는 태극기를 휘두르는 스타일을 통해 단결된 힘과 집단에 대한 진지한 충성심을 표현했다. 두 데모는 정치적 메시지뿐 아니라 집단행동의 플랫폼으로서도 전혀 다른 문화적 메시지를 담고 있었다.

촛불집회의 문화적 정체성

과거 한국 사회의 데모는 폭력으로 마무리되기 일쑤였다. 공권력은 데모대에게 무자비하게 폭력을 휘둘렀고 데모대는 격렬한 저항으로 이를 되갚았다. 이 과정에서 시민과 경찰이 목숨을 잃는 비극적인 사태가 수없이 일어났다. 한국이 최루탄 수출 국가라는 사실은 이런 역사의 부끄러운 이면이다.

그에 비해 촛불집회는 시종일관 평화적이었다. 평화에 가치를 두고 냉정을 잃지 않았던 높은 시민정신 덕분이라며 칭송하는 목소리도 있지만, 과거의 시례와 비교해서 결정적인 이유는 공권력의 태도가 달라졌다는 점일 터이다. 이전에는 데모를 봉쇄하는 입장이었던 경찰과 행정력이 이번에는 자발적 정치 행동을 보호하는 태도로 전향했다. 경찰은 시위대를 무작정 막아서기보다는 현장 질서를 유지하는 데에 힘썼고, 지방 관청은 사람이 많이 모이면 생길 수 있는 불편을 줄이기 위해 노력했다. 예컨대 서울시는 집회의 거점이던 광화문 광장과 청계 광장의 교통, 청소, 쓰레기 문제 등을 지원했고, 집회 근처에 공공 화장실과 미아 보호소를 마련했다. 공권력과의 물리적인 투쟁이 사라졌기 때문에 비로소 데모가 다양한 표정을 가진 퍼포먼스로서 가치를 드러낸 것이다.

폭력 대신 드러난 촛불집회의 얼굴은 감성적이고 유연했으며 유머 감각이 넘쳤다. 시위대는 "민주화 사회를 위한 투쟁연대"와 같은 심각한 이름의 단체보다 "장수풍뎅이 연구회"나 "애묘인 연합회"와 같이 일상적이고 위트가 넘치는 모임에 열광했고, "트위터리안"이라는 그럴듯한 표현 대신 "트잉여"라는 자학이 뒤섞인 깃발 아래에 기꺼이 모여들었다. 운동가요 대신 좋아하는 아이돌의 노래를 부르고 힙합 춤을 춰도 문제없었고, 웃음이 터져 나오는 구호를 외치면 환성이 터졌다. 데모대의 기발한 복장에서도, 직접 만든 피켓에서도, 풍자로 가득한 깃발과 구호에서도 유머 감각과 위트가 넘쳤다. 이런 분위기에서는 심각하고 진지한 표정이 오히려 어색하다. 옆에 있는 사람에게 가볍게 농담을 건네거나 추울 때에는 포장마차에서 어묵을 먹으며 몸을 녹이는 여유로운 태도가 더 어울린다. 권력자에 대한 결연한 항의에 못지않게, "함께 즐기자.", "웃으며 싸우자."라는 유쾌한 의도가 드러나는 데모 현장이었다.

흥겨운 데모대라니! 이전에는 상상할 수 없던 일이다. 엄중하던 군사정권 시대에는 데모 속에 섣불리 유머 코드를 들이밀었다가는 상황의 심각성과 행동의 진정성을 희석하는 행위로 배척되었을지도 모른다. 뿐만 아니라 데모 현장은 진압 경찰과 대치해 실제로 몸싸움이 벌어지는 곳이었다. 투쟁 의지로 단합하지 않으면 진압 경찰과의 대치 상황을 견딜 수 없었다. 한편 데모는 현실에 안주하는 민중에게 모순을 자각시키는 교육과 계몽의 현장이기도 했다. 시민운동가들은 교육자다운 열정과 진지함을 갖고 데모에 임했다. 요컨대 이성적이지만 투쟁적이고, 진지하지만 권위적인 엘리트주의, 태극기집회에서도 나타났던 엄숙주의야말로 과거의 데모를 지배하던 분위기였다.

데모를 연극이라고 한다면, 과거 데모의 주연은 투쟁 의지에 불타는 엘리트 활동가였다. 데모에 참가한 군중은 엘리트가 계몽해야 하는 대상이자, 그들의 대사를 돋보이게 하는 엑스트라라고 해도 과언

이 아니었다. 그에 비해 촛불집회는 단 한 명의 주연, 하나의 클라이맥스를 가진 연극이라기보다는, 여러 명의 주연이 동시다발적으로 결정적 순간을 만들어내는 입체적인 서사였다. 광장 곳곳에서 서로 다른 주체가 서로 다른 퍼포먼스를 만들어냈고, 그 수많은 퍼포먼스가 모여 촛불집회가 되었다. 촛불집회의 군중은(심지어는 집에서 스마트폰 속 소셜미디어에 집중했던 관객마저도) 모두가 이 서사의 주연이었다.

촛불집회가 단 한 명의 집권자에 저항한 평면적인 집단행동이 아니었다는 사실을 알려주는 일화는 적지 않다. 2016년 11월 5일에 열린 2차 촛불집회에서의 일이다. 집회의 사회자가 박근혜 대통령을 지칭하며 비판하는 연설 속에서, 여성을 비하하는 욕설과 정신장애인을 조롱하는 표현이 포함된 구호를 외쳤다. 위정자에 대한 정치적 발언이었다고는 해도, 사회적 약자에 대한 편견을 드러냈다는 점에서 즉각 비판이 제기되었다. 주최 측은 바로 발언에 대해 사과하고 더는 차별적인 언어를 사용하지 않을 것을 결의했다.

그로부터 3주 뒤 11월 26일, 혹한 속에서 개최된 제5차 촛불집회에서는 무대에 설 예정이던 힙합 댄스 그룹 DJ DOC가 공연을 취소하는 사태가 벌어졌다. 무대에서 부를 예정이던 노래 "수취인불명"의 가사가 여성을 혐오하는 내용이라는 시민단체의 항의가 있었기 때문이었다. 박근혜 대통령에 대한 항의의 뜻을 담아 만든 이 노래에 등장하는 "미스박"이라는 표현이 문제였다. DJ DOC 측은 오해의 소지가 있는 가사라는 점을 인정하며 이날의 공연을 취소했고, 이후에는 가사를 수정해서 노래를 불렀다.

촛불집회는 부패한 권력자에 저항한다는 명분으로 시작되었지만, 그 속에서는 여성과 장애인, 청소년 등 사회적 약자에 대한 편견과 차별과 싸우는 수많은 전선이 드러났다. 데모의 정치적 주장과는 별도로, 엘리트주의적, 남성적 권위주의에 저항하는 메시지가 동시다발적으로 발현된 것이다. 이전의 데모가 권력자에 대한 시민의 항의를 하나의 목소리로 모아 전달하는 그릇이었다면, 촛불집회는 복잡다단한 사회에 산재한 과제와 문제의식을 다양한 목소리를 통해 동시다발적으로 전달하는 그릇이었다고 해야 마땅할 것이다. 이전의 데모가 전쟁에 나가는 비장한 남자의 얼굴을 하고 있었다면, 촛불집회는 소통에 능한 여자의 얼굴을 하고 있었다고 할까.

러시아의 문학 비평가이자 이론가인 미하일 바흐친^{Mikhail Bakhtin}(1895~1975)은 "다성성"이라는 흥미로운 개념을 이야기의 서사를 분석하는 틀로 제안했다. 영어로 "폴리포니^{polyphony}"라고 쓰는 이 단어는 원래는 "독립적인 여러 소리가 동시에 공존하는 상태"를 뜻하는 음악 용어인데, 바흐친은 한 명의 화자가 아니라 여러 명의 목소리가 등장해 입체적으로 이야기를 이끄는 구성 방식을 설명하는 개념으로 원용했다. 마치 여러 악기가 독립적으로 연주하면서도 조화롭게 화음을 만들어낼 수 있는 것처럼, 여러 명의 화자가 서로 다른 목소

리와 관점을 제시하면서도 하나의 이야기를 입체적으로 만들어나
갈 수 있다는 것이다.

촛불집회에서는 바로 이 "다성성"이 실천되었다. 권력자에 항의하
는 시민뿐 아니라, 여성 차별적인 생각에 대항하는 시민, 장애인에
대한 편견에 맞서는 시민, 사회적 약자를 배려하는 시민 등 복수의
화자가 주연으로 등장했고, 서로 다른 방식으로 뜻을 표현했으며,
결과적으로는 집합적인 퍼포먼스의 장을 만들었다. 촛불집회에서
저력을 발휘한 유머와 풍자, 패러디는 투쟁의 긴장을 풀고 축제를 흥
겹게 만드는 소품이나 조연이 아니었다. 오히려 다양한 방식으로 편
협한 고정관념과 권위주의에 도전하는 저항의 주연이었다.

"사회운동 사회"의 대두

데이비드 메이어David Meyer와 시드니 태로Sidney Tarrow (1998)는 이전보다
훨씬 참가의 폭이 넓고 투쟁적 분위기가 옅으며, 느슨하게 연대된 시
민들의 데모가 일상적으로 벌어지는 사회가 올 것이라고 전망한 바
있다. 산업화가 진전된 민주주의 사회를 배경으로 일상적으로 데모
가 수행되고 이를 제도에 반영해나가는 사회를 "사회운동 사회social
movement society"라는 개념으로 설명했다. 마치 촛불집회를 예견이라도
한 듯한 선견지명이다.

메이어와 태로에 따르면, 이전의 사회운동은 학생이나 노동자, 여

성 등 확실하고 단일한 정체성을 가진 주체가 단단히 뭉쳐서 결행하는 정치투쟁이었다. 하지만 유동성과 다양성이 커진 후기 산업사회에서 그런 단단한 연대는 설득력을 잃는다. 급여 수준이 천차만별이고 성별과 출신지, 노동환경도 전혀 다른데 같은 깃발 아래 모두 뭉치자는 제안에 선뜻 공감할 노동자가 얼마나 되겠는가. 대신 젊은이, 직장인, 자영업자 등 서로 다른 이해관계와 문제의식을 가진 주체가 사안에 따라 모이거나 흩어지는 느슨하고 유연한 연대 방식이 효과적으로 활용된다. 이런 느슨한 연대에서는 단합된 구심력은 이전 같지 않을지 모르지만, 다양한 장르의 다양한 문제에 대해 유연하고 즉각적으로 문제를 제기하는 순발력이 커진다. 이렇게 폭넓게 연대하고 가볍게 움직이는 사회운동이 일상다반사가 되는 사회가 바로 "사회운동 사회"라는 것이다.

사회운동 사회가 대두된 배경은 복합적이다. 시민의 집단행동에 대한 관용도가 높아진 점, 데모에 참여하는 시민의 층이 두터워진 점, 민주주의를 채택하는 지역이 늘어났다는 점, 미디어 환경의 변화, 지역적·사회적 이동성의 증가, 사회운동의 제도화 움직임 등등이 예전과는 다른 사회운동의 움직임을 만들어냈다.

촛불집회에서는 다양한 주체와 느슨한 연대가 흥미로운 방식으로 실천되었다. 학생이나 노동자 등 굳건한 정체성을 가진 집단도 있었지만, "홈리스연대", "트잉여연합", "취미 동호회" 등 연대보다는 동호회나 친목 모임이라고 해야 할 느슨한 의미의 깃발도 무수히 올라갔다. "부패한 정권 퇴진"이라는 결연한 목표 아래 움직인 것은 사실이지만, 여성 혐오나 장애인 차별 등 폭넓은 주제의 다양한 문제의식이 드러났다. 특히 인터넷 네트워크와 스마트폰으로 중무장한 수많은 미디어 "전사"들은 기꺼이 퍼포먼스의 주역을 자처해 축제 분위기를 만들어냈다. 지방분권적 다양성을 지향하는 한편, 미디어와 네트워크를 의식한 새로운 정치 실천이 부상한 것이다.

한국 사회에서도 전통적인 공동체는 빠르게 해체되고 있고, 생활 양식과 문화적 정체성도 나날이 다양해지고 있다. 예전과 같은 방식의 굳건한 시민 연대가 여의치 않다는 사실을 누구나 잘 알고 있다. 언뜻 보자면 민주주의의 근간이 약해지는 듯 보이는 상황이지만, 이를 비관적인 의미로 해석하기보다는 새로운 방식의 연대, 실천적 지향점을 찾아내는 것이 현명할 것이다.

데모는 시민의 정치적 실천이라는 틀만으로는 설명하기 어려운 다양한 표정을 지녔다. 데모라는 미디어는 다양한 네트워킹 방식과 문화적 실천을 담는 그릇이다. 촛불집회를 통해 드러난 것처럼, 데모는 불특정 다수의 미디어 전사가 자발적으로 무대에 올라가는 집단적 퍼포먼스이자, 사회 곳곳에 포진한 다층적 권력 구조를 드러내고 그 구조에 저항하는 상징적 축제로 진화하고 있다. 이 새로운 데모는 나름대로의 약점과 과제를 지닌다. "테크놀로지가 시민 사회를 진보시킨다"는 기술결정론자들의 주장은 설득력이 약하다. 하지만 사회 운동 사회의 근간으로서 새로운 네트워크 문화에 주목할 만한 가치는 충분하다.

제3장
일본의 저항자들
축제형 데모의 등장

이토 마사아키

촬영: 이토 마사아키

2011년 6월 11일 도쿄 신주쿠역 근처에서 벌어진 반원전 데모대의 모습

전환점이 된 2011년

2012년 여름 매주 금요일 밤, 도쿄에 있는 총리 관저 주변은 "원전 반대"를 외치며 행진을 벌이는 데모대로 발 디딜 틈이 없었다. 4월부터 거의 매주 열린 "원전 재가동을 허락하지 말라! 총리 관저 앞 항의행동原発再稼働許すな! 首相官邸前抗議行動", 줄여서 "관저 앞 데모"라고 부르는 원자력발전소(이하 원전) 반대 데모 현장이다. 주최자는 "수도권 반원전 연합首都圏反原発連合". 원전 반대를 주장하는 단체와 개인이 연대해 2011년 9월에 세운 네트워크 조직이다.

4월 6일에 열린 첫번째 데모에는 약 300명이 참가했다. 이후 참가자는 점차로 늘어나 매주 금요일 밤의 정례 데모로 발전되었다. 일주일 뒤 13일에는 1,000여 명, 20일에는 1,600여 명, 27일에는 1,200여 명, 황금연휴를 낀 5월 12일에는 700여 명, 18일과 25일에는 1,000여 명이 참가했다(데모 참가자 수는 주최 측의 발표에 따른 것이다. 경찰 추산 결과와는 다른 경우도 있어 정확한 수치라고 할 수는 없으나, 추이를 파악할 근거는 될 것이다).

6월에 노다 총리가 오오이원전을 재가동하겠다는 의사를 밝힌 뒤, 데모 참가자는 눈에 띄게 늘어났다. 6월 1일에는 2,700여 명, 8일에는 4,000여 명, 15일에는 1만 2,000명으로 늘었고, 기세를 몰아 22일에는 4만 5,000명까지 불어났다. 주최 측에 따르면, 29일에는 무려 20여만 명의 대군중이 데모에 참여하는 공전의 사건이 일어났다.

7월에도 데모대의 기세는 잦아들지 않았다. 6일과 13일에 15만 명, 20일에는 10만 명이 데모대에 합세했다. 관저 경호를 위해 대규모 경찰 병력이 동원된 것에 비판이 제기되는 와중에, 일부 데모대는 분열되고 참가자도 다소 줄었지만, 상당수의 시민이 참가하는 대규모 데모가 끈질기게 계속되었다.

2012년 4월부터 반년 동안 개최된 "관저 앞 데모"는 총 24번, 주최 측이 발표한 누적 참가자 수는 100만 명에 달한다. 일본인들이 오랫동안 외면해왔고 기억 속에서 잊힌 듯했던 데모라는 집단행동이 부활한 것은 60년대에서 70년대 초반 이후, 40년 만의 일이다. 데모의 부활이 2012년 "관저 앞 데모"로 갑자기 실현된 것은 아니었다. 시작은 한 해 앞선 2011년이었다.

동일본 대지진과 후쿠시마 제1원전 사고가 발생한 2011년 봄 이후, 일본에서는 반원전을 부르짖는 데모가 곳곳에서 일어났다. 예를 들어, 4월 10일에는 도쿄 고엔지에서, 5월 7일에는 도쿄 시부야에서 각각 1만 5,000여 명이 집결했고, 6월 11일에는 신주쿠에 2만 명, 9월 19일에는 메이지 공원에 6만 명이 집결했다. 대지진이 일어난 지 3개월째인 6월 11일에는 전국의 60여 곳의 도시에서, 반년이 되는 9월 11일에는 30여 건의 반원전 데모가 동시에 열렸다. 대지진을 계기로 원전에 반대하는 목소리가 여기저기에서 터져 나오는 상황에서, 일본 사회에서 데모는 이전과 전혀 다른 양상으로 전개되어 나갔다.

그런데 바로 그해, 그런 상황이 전개된 것은 일본뿐이 아니었다. 세계 곳곳에서 시민의 자발적인 집단행동이 늘어나 주목을 받기 시작했다.

일본 대지진에 앞서 중동에서 변화가 감지되었다. 2011년 1월에서 2월에 걸쳐, 이집트 카이로의 타흐리르 광장에서 시작되어 중동 전역으로 들불 번지듯 퍼져나간 반정부 데모 "아랍의 봄Arab Spring"이 그것이다. 분위기는 지중해를 건너 유럽으로 퍼져나가, 5, 6월에는 스페인 마드리드의 푸에르타 델 솔 광장을 거점으로 소위 "인디그나도스indignados 운동"이 불같이 일어났다. 그러더니 이번에는 대서양을 건너 미국에서 9월에서 11월에 걸쳐 뉴욕 주코티 공원을 거점으로 "어큐파이occupy 운동"이 펼쳐졌다. 그 밖에도 영국의 반격차 데모, 러시아의 반정부 데모 등 다양한 구호를 내건 데모가 세계 각지에서 일어났다. 2011년 여기저기에서 터져 나오는 데모 속에서 세계 정세는 격동했다.

2011년 말 미국의 타임지는 얼굴 없는 "저항자protester"를 올해의 인물로 선정했다. 올해의 인물은 한 해에 일어난 가장 큰 사건을 상징하는 인물을 선정해 연말 호 표지로 싣는 연례 기획 코너인데, 이해에는 복면을 뒤집어쓴 아랍계 젊은이로 보이는 남성의 일러스트가 게재되었다. 익명의 무수한 "저항자"를 뜻하는 것이었다.

데이비드 메이어와 시드니 태로가 제기한 "사회운동 사회"란, 데모 행위가 산발적으로 이루어지는 특이한 행동이 아니라 끊임없이 되풀이되는 일반적인 행동이 된 상태, 다시 말하자면 데모가 사람들의 생활 속에 늘 등장하는 일상다반사가 된 사회를 의미한다. 그런 사회에서는 보다 다양한 사람들이 줄곧 데모에 나서 여러 가지 요구를 제기하는 사태가 계속된다. 2011년을 기점으로 일본에서도 사회운동 사회가 도래한 것일지도 모른다.

물론 이러한 변화가 갑작스러운 것은 아니다. 데모의 배후에는 각 지역에서 나름대로 축적되어 온 운동의 역사와 경위가 존재한다. 일본의 반원전 데모는, 한편으로는 1960년대 이후 시민운동이 배경이고, 다른 한편으로는 2000년대 이후 "사운드 데모" 형태로 발전된 새로운 운동의 계보를 가진다. 미국과 유럽의 반격차 데모의 배경에는 1990년대 중반 이후 세계화 반대, 전쟁 반대 등을 주장해온 사회운동의 역사가 있다. 한편 중동이나 러시아의 반정부 데모는 2000년대 동유럽과 구소련 연방국가에서 시작해 중동으로 퍼져나간 일련의 민주화 운동 "컬러 혁명"이 그 배경에 있었다.

각각의 데모의 직접적 계기를 살펴보면 큰 역사적 흐름을 포착할 수 있다. 이런 흐름이 축적되고 서로 연결되고 연대함으로써 2011년 전 세계에서 벌어지는 큰 변화를, 즉 사회운동 사회를 이끌어냈다고 해야 할 것이다.

하지만 서로 다른 지역에서 서로 다른 역사적 배경을 갖고 있는 만큼, 일련의 데모에서 유의미한 공통점을 찾는 것은 쉽지 않다. 반원전 데모뿐 아니라, 반격차 데모, 반정부 데모, 반일 데모, 반미 데모, 나아가 반한류 데모까지 존재한다. 각각의 데모가 주장하는 메시지는 실로 다양하고 다면적이다.

오늘날의 사회운동 사회를 분석하고 데모에 대해 생각할 때, 그 속에서 주장하는 메시지에 주목한다면 유의미한 특징이나 새로움을 찾기는 어렵다. 반면 데모가 채택한 스타일과 활용하는 수단에 주목하면, 일련의 데모들 속에서 일관된 특징과 공통된 새로움이 뚜렷이 발견된다. 앞으로 소개하려는 "축제형 데모"나 "점령 데모"와 같은 형태가 새로운 스타일이며, 소셜미디어야말로 새로운 수단이다.

오늘날 데모의 본질적인 새로움은 데모가 주장하는 메시지에 있는 것이 아니라 데모의 스타일과 수단에 있는 것이 아닐까? 다시 말해 현대 사회운동 사회의 본질적 특징은 데모가 주장하는 메시지의 내용에 집약되어 있는 것이 아니라, 데모라는 미디어 그 자체가 지닌 스타일과 수단 속에 응축되어 있다고 해야 하지 않을까? 이 같은 관점에서 오늘날의 데모에 대해 고찰하고 사회운동 사회를 분석하는 것이 이 책의 주안점이다.

진짜 데모인가, 황당무계한 야단법석인가: 원전을 멈추라 데모!

동일본 대지진과 후쿠시마 제1원전에서 사고가 발생한 지 한 달 뒤인

2011년 4월 10일, 도쿄 고엔지에 약 1만 5,000여 명의 젊은이가 집결, "반원전"을 외치며 대규모 집단행동을 벌였다. 고엔지 중앙공원을 출발한 데모대는 상점가를 지나 신고엔지역, 동고엔지역을 경유해 고엔지역 북쪽 출구 광장으로 향했다. 고엔지를 거점으로 활동하는 활동가 그룹 "시로토노 란素人の乱"('보통 사람의 반란'이라는 뜻_옮긴이)이 제안해 대규모 반원전 시위로 전개된 "4.10 원전을 멈추라 데모!4·10原発やめろデモ！"의 시작이었다.

그런데 이 데모는 통상적인 집단 항의 행동과는 달랐다. 몇몇 그룹으로 나뉘어 행진한 데모대의 선두에 "사운드카"라고 불리는 트럭이 앞장섰는데 짐칸에는 스피커나 드럼 세트, 음향 기자재가 실렸고, 그 앞에서는 펑크나 힙합 계열의 밴드, 테크노나 하우스 계열 DJ들이 화려한 퍼포먼스를 선보였다. 어마어마한 음량의 사운드와 댄스 음악이 흘러나오면 트럭을 뒤따르는 행진자들은 미친 듯이 춤을 추어댔다.

그러고 보니 데모 참가자들도 제각각 악기를 들고 있다. 드럼, 징, 탬버린 등 타악기, 빈 깡통이나 나무통, 페트병 등을 격렬하게 두드려대는 사람이 있는가 하면 트럼펫을 부는 사람, 기타를 치면서 행진하는 사람도 있다. 크고 작은 북을 들고 원형을 이루어 강렬한 비트를 쳐대는 드럼 동호회의 무리도 섞여 있다.

복장도 가지각색이다. 화려한 옷, 알록달록한 모자와 가방, 머플러를 두른 사람들에 섞여 기묘한 코스튬을 입은 사람이 걷고 있다. 곰, 코끼리, 물고기, 가지와 무 인형 옷을 입은 사람, 메이드나 경찰, 원전 작업원, 마법사 복장을 하거나 타이거 마스크를 쓰고 코스튬 플레이를 하는 사람, 왕관을 쓴 그룹, 승려 복장 그룹, 삐끼 복장을 한 그룹, 상반신은 벌거벗고 하반신은 말로 분장한 사람이 있는가 하면, 말 머리를 뒤집어쓰고 기모노를 입은 사람 등 온갖 기발한 복장의 사람들이 행진 중이다.

데모대가 손에 든 물건도 독특하기는 마찬가지다. 알록달록한 깃발과 휘장, 현수막은 물론이요, 원자력발전소 모형, 거대한 도깨비 가면을 짊어진 사람도 있다. 플래카드에 적힌 문구는 위트가 넘친다. 채소로 분장한 데모대는 "원자력은 안전**무**, 친환경 에너**가지**!", 물고기 분장을 한 사람은 "하지마시**오징어**, 그만하시**게**!" 등의 문구가 적힌 플래카드를 치켜들고 있다. 심지어는 "인기가 필요함", "여친 구합니다" 등 종잡을 수 없는 메시지의 플래카드를 치켜든 사람도 섞여 있다.

사운드카에서 흘러나오는 굉음, 드럼 동호회가 장단을 맞추는 비트 속에서 데모대는 리드미컬하게 구호를 외친다. "원전 반대!", "원전을 멈추라!", "원전 불필요!" 데모대의 집단행동이라기보다, 카니발의 화려한 퍼레이드에서나 볼 수 있는 흥겨운 음악과 리듬, 축제를 즐기는 사람들의 무리라고 해야 할 듯한 분위기다.

목적지인 고엔지지역 북쪽 출구 광장에서도 열광적 퍼포먼스는 멈출 줄을 몰랐다. 아니, 기나긴 행군 끝에 다시 한 번 집결한 데모대의 열기는 오히려 더 뜨겁다. 노래와 춤을 더한 퍼포먼스는 한층 더 야단법석이 되었다. 이 광경을 보고 있자니, 이게 본심을 담은 데모인지, 새로운 스타일의 법석 떠는 축제인지 영문을 모를 지경이다.

일본에서는 이런 스타일의 데모를 일반적으로 "사운드 데모"라고 부른다. 시로토노 란은 이런 스타일의 데모를 주최하는 것으로 알려진 단체이다. 고엔지를 거점으로 중고 물건 가게, 구제 옷 가게, 이벤트 스페이스를 운영하는 활동가들의 단체인데, 이전에도 중고 가전제품의 매매 규제에 반대하는 "PSE법 반대 데모"(PSE법이란 전기용품 안전에 관련한 일본 법률을 지켰음을 의미하는 PSE 표시가 없는 중고 가전제품 유통을 금지한 법으로, 건강한 소비 및 재활용 활동을 억제할 수 있다는 점에서 반대 여론이 일었다.—옮긴이), 방치된 자전거의 강제 철거에 반대하는 "자전거를 돌려줘 데모", 토지 소유제 자체에 반대하는 "월세를 공짜로 하라 데모" 등 황당무계하다는 표현이 더 어울리는 주장을 담은 사운드 데모를 성공적으로 주최해왔다. 이번에 열린 반원전 데모는 그 어느 때보다도 화려하고 참가자가 많았다.

대지진의 불안이 완전히 가시지 않은 도쿄의 중심지에서 이렇게 많은 사람이 모여 야단법석을 떨었음에도 불구하고, 이 데모에 대해 보도한 일간지와 방송은 드물었다. 다음 날 스포츠신문 한 곳, 도호

쿠 지역(후쿠시마를 포함하는 동북 지역_옮긴이)의 지방신문 두 곳에 데모에 대한 기사가 겨우 실린 정도였다.

스포츠신문이나 동북 지역의 지방신문 등은 일본의 매스미디어의 전체 지형에서 주변적인 존재이다. 도쿄의 중심지에서 일어난 중요한 사회적 사건임에도 불구하고, 도쿄를 거점으로 하는 주요 보도 매체가 마치 아무 일도 없었던 듯 데모의 존재 자체를 묵살해버린 것은 기묘한 일이다.

인터넷에서는 참가자들을 중심으로 매스미디어가 왜 이 데모를 보도하지 않았는지에 대한 의견이 활발하게 교환되었다. 일본의 주요 매스미디어가 정계, 재계, 전력 회사와 유착하고 있기 때문에 원전 행정과 원전 경제에 대한 비판이 불가능한 것이 아니냐는 지적도 거론되었다.

이후 《도쿄신문》, 《마이니치신문》, 《아사히신문》 등 시민운동에 대해 비교적 호의적인 입장을 보이는 신문들은 반원전 데모에 대해 비교적 적극적으로 보도했다. 특히 《도쿄신문》은 지면을 크게 할애해 데모에 대한 대대적인 특집을 내보내기도 했다. 하지만 최초의 대규모 반원전 데모가 개최된 시점에서는 이들 매체들조차 사실을 소개하지 않았다.

추측컨대, 매체들은 애초에 이런 데모를 어떻게 취급해야 할지조차 감을 잡지 못했을 것이다. 이 단체 행동을 과연 데모라 지칭할 만한 심각한 항의 행동이라고 보아도 될 것인가? 그냥 스스로 즐기기 위한 축제라고 해야 마땅하지 않을까? 농담 반 진담 반이 뒤섞인 오 프라인 이벤트라고 봐야 할 것인가? 이 집단행동의 정체가 알쏭달 쏭했기 때문에, 원전이라는 심각한 주제에 관련한 사건으로서 이 데 모를 소개하는 것이 당황스럽게 느껴졌던 것은 아닐까?

이후 기존의 시민운동 단체가 반원전 데모에 속속 합류하면서 소 위 "심각한" 데모로서의 양상이 명확해지자, 신문과 방송도 이 일을 보도하게 되었다. 《아사히신문》과 NHK는 약 두 달 뒤인 6월 11일 도쿄 신주쿠에서 개최된 대규모 데모 시점부터 반원전 데모에 대해 보도하기 시작했다(이때 《아사히신문》은 지면을 크게 할애하지만, NHK는 형 식적인 사실만 전달했을 뿐이었다). 이때도 역시 시로토노 란이 제안해서 실현된 데모였는데, 이번에는 다양한 시민운동 단체가 참가했다.

처음에는 정체를 알 수 없는 수상쩍은 집회 정도로 보이던 반원전 데모가 기존 시민운동 단체들의 합류로 인해 말 그대로 시민권을 획 득한 것이다. 이때까지는 시민운동에 호의적인 매스미디어조차도 이 집회를 데모로서 보도하는 결단을 내리지 못했다는 것인데, 말하 자면 이 모임과 집단행동의 성격을 도통 이해할 수가 없었던 것이 아 닐까?

특히 최초의 대규모 반원전 데모 "4.10 원전을 멈추라 데모!"가 주 최된 시점에서 매스미디어가 느꼈을 당혹감은 적지 않았던 것 같다.

매스미디어의 시각에서 보자면, 이 집회는 데모인지 축제인지 도통 알 수 없었다. 굳이 이름을 붙이자면 "축제형 데모"라고 불러야 할까. 그저 기묘한 퍼포먼스로 비추어졌을지도 모른다. 일본의 매스미디어와 많은 일본 사람들은 새로운 스타일의 데모를 받아들일 만한 준비가 되어 있지 않았던 것이다.

인터넷에서 시작된 데모

거슬러 올라가 보자. 이런 데모는 어떻게 기획되고 실행된 것일까?

시작은 두 주쯤 전이었다. 2011년 3월 28일 각지에서 산발적으로 개최되던 반원전 데모와 평화 행진에 대한 정보를 효과적으로 전달하기 위한 트위터에 해시태그 "#no_nukes_demo"가 등장했다. 바로 그다음 날, 시로토노 란의 리더 중 한 명인 마쓰모토 하지메松本哉가 블로그에 다음과 같은 글을 올렸다. "4월 10일에 '지진 피해자 지원금 모집 및 원전은 이제 그만!' 초대형 반원전 록 페스티벌 데모를 개최한다! 저녁 시간 고엔지에서!"

이 정보는 곧바로 "#no_nukes_demo"를 타고 트위터에서 확산되었다. 3월 31일에는 데모 전용 해시태그 "#410nonuke"가 등장해 사용되기 시작했다. 4월 1일에는 주최 측이 "4.10 원전을 멈추라 데모!" 웹사이트를 블로그 플랫폼 텀블러에 개설하고, 전용 이메일 주소를 공개했다. 이 주소로 데모에 찬성하는 이메일을 보내면, 그 메시지가 곧바로 블로그 콘텐츠로 개제되는 방식이었다. 이렇게 트위터를 축으로 정보를 확산하고, 블로그에 정보를 축적하는 쌍방향 기능을 활용해 데모의 진용이 착착 갖추어져 나갔다.

"#410nonuke"가 처음 등장한 3월 31일에는 이 해시태그로 투고된 트윗은 25건에 불과했으나(리트윗 포함), 다음 날에는 174건에, 다다음 날에는 357건으로 불어났고, 이후에도 트윗은 꾸준히 늘어, 데모 전날인 9일에는 766건에 달했다. 열흘 동안 이 해시태그를 달고 올라온 트윗은 5,400건에 달했다. 이용자 한 명당 100명 정도의 팔로워가 있다고 가정하자면, 실제로는 이 수치의 100배 이상, 50만 번 이상 이 정보가 트위터에 유통된 것이다(앞으로 나올 수치를 포함해 트위터의 건수는 필자가 트위터 분석 사이트 "톱시Topsy"를 활용해 조사했다. 톱시를 통해 트윗 메시지 전수조사가 가능한 것은 아니지만 경향을 파악하기에는 충분할 것이다).

"#no_nukes_demo", "#genpatsu", "#fukushima" 등 관련 내용을 트윗할 수 있는 다른 해시태그도 있었고, 한편으로는 해시태그를 이용하지 않고 블로그 등에 직접 링크를 거는 경우도 많았다는 사실을 감안하면, 짧은 기간임에도 불구하고 상당수의 트윗이 데모를 고지했던 것으로 보인다.

한편 텀블러 블로그에서도 관련 정보가 착실히 축적되었다. 데모의 발제문과 스케줄, "출연"하는 뮤지션 리스트를 포함해 세계 각지에서 전개되고 있는 비슷한 데모의 소개, 유튜브 영상, 포스터나 팸플릿 이미지 등 다양한 정보가 공개되었다. 일러스트와 pdf파일을 곁들여 데모 초심자들에게 요령을 소개하는 "처음 나가보는 데모"라는 코너도 개설되었다. "찬성 메시지"도 몰려들어 데모 전날까지 블로그에 게재된 메시지는 600건이 넘었다.

드디어 데모 당일. 데모가 시작되기 전에는 공지와 홍보, 데모 중에는 실황중계와 보고, 데모가 끝난 뒤에는 감상과 위로를 나누는 방대한 수의 트윗이 올라왔다. "#410nonuke" 해시태그로 올라온 트윗은 4월 10일에는 1,070건, 11일에는 883건, 이틀이 지난 12일에도 392건에 달했다. 데모 상황을 촬영한 사진이나 동영상 링크를 담은 경우도 많았다. 플리커flickr.com나 트윗픽twitpic.com 등 사진 투고 사이트, 유튜브나 니코니코 동영상nicovideo.jp(일본에서 가장 많이 이용되는 동영상 사이트 중 하나로, 인터넷에서 오타쿠 문화를 선도하는 콘텐츠 플랫폼이다._옮긴이) 등 동영상 투고 사이트에도 상당한 양의 사진과 동영상이 업로드되었다.

데모가 끝난 뒤, 트위터를 통해 사진과 동영상이 되풀이해서 재생되었고, 그와 함께 흥분이 채 가시지 않은 참가자의 감상도 올라왔다. 텀블러 블로그에서는 데모의 성공적 개최를 축하하는 메시지나 의의를 평가하는 메시지, 다음번 개최를 기대하는 메시지가 속속 업로드되었다. 매스미디어는 완벽하게 묵살했던 데모였지만, 시끌벅적

했던 거리의 분위기가 그대로 옮겨진 듯 인터넷에서는 한동안 열기가 식을 줄 몰랐다.

다양한 소셜미디어를 통해 제안, 고지되고 실황중계되며 감상을 교류하는 일련의 과정을 통해, 최초의 대규모 반원전 데모 "4.10 원전을 멈추라 데모!"가 만들어졌다. 한편 인터넷에서는 또 다른 데모에 대한 계획도 속속 검토되었다.

나중에 "@TwitNoNukes"라는 이름으로 "트위터 동지와 함께하는 반원전 데모"를 지속적으로 진행하는 히라노 타이이치平野太一는 4월 5일 다음과 같은 메시지를 트위터에 올렸다. "트위터로 사람을 모아 시부야 근처에서 탈원전 데모를 하려는데, 참가하실 분이 계시면 공식 RT를 부탁합니다."

이 메시지는 트위터에서 급속도로 확산되었다. "#no_nukes_demo"라는 해시태그에 링크된 리트윗이 당일에 33번, 6일에는 42번, 7일에는 23번, 8일에는 26번 실행되었다. 이에 히라노는 4월 30일, 시부야-하라주쿠에서 데모를 진행한다는 결정과 제안을 트윗을 통해 알렸다. 히라노의 제안은 급속도로 확산되었다. 3일 전인 28일에 "#no_nukes_demo" 해시태그를 단 데모 정보가 171번, 29일에는 126번, 데모 당일에는 173번 리트윗이 되었다.

첫 제안이 있었던 4월 5일부터 데모 당일인 30일까지 히라노의 트윗이 리트윗된 횟수는 "#no_nukes_demo" 해시태그를 달고 있는 것만 세어도 1,000번이 넘는다. 이용자들이 100명의 팔로워를 갖는 다고 가정하면, 리트윗의 100배, 즉 10만 회가량 리트윗 정보가 유통 된 셈이다. 스스로를 "네모의 생초보"라고 말하는 히라노가 큰 기대 없이 올려본 제안이 짧은 기간에 상당한 기세로 소셜미디어에서 화 제가 된 것이다.

그 결과 "4.30탈원전데모@시부야-하라주쿠4·30脱原発デモ@渋谷·原 宿"라고 이름 붙여진 이 데모는 1,000명이 넘는 참가자를 모아 성공 적으로 개최되었다. 이후에도 히라노는 비슷한 방법으로 "트위터 발 생초보 데모"를 지속적으로 기획, 실행해나간다. 2011년에만 5월 28일, 7월 23일, 8월 17일, 9월 24일, 11월 5일, 12월 17일 등 거의 매 달 "트위터 동지와 함께하는 반원전 데모"가 열렸다. 트위터에서 시 작되는 데모, 다양한 소셜미디어를 통해 실현되는 데모라는 새로운 스타일이 정착된 것이다.

2011년 9월, 히라노의 "@TwitNoNukes"를 포함해 반원전을 주 장하는 데모를 진행해온 독자적 단체와 개인을 연계하는 네트워크 조직이 발족되었다. 수도권 반원전 연합이다. 그들은 이후 소셜미디 어를 더욱 적극적으로 활용하면서 총리 관저 앞 데모를 조직하고, 이듬해 여름 반원전 데모의 열기 속으로 일본 사회를 이끌었다.

반원전 데모로 끓어오르는 일본 열도

원전 사고로 인한 방사능 오염의 공포, 전력 부족과 계획 정전에 대한 불안감, 생활 물품을 사재는 사람들, 물자 부족 등, 대지진 직후 동북 지방의 참상을 지켜보면서 도쿄뿐 아니라 일본 열도 전체는 정체를 알 수 없는 불안과 힘든 싸움을 벌이고 있었다. 그러던 와중 젊은이의 거리인 고엔지에 등장한 황당무계, 야단법석 데모 덕분에 깊은 잠에서 깨어난 듯 일본 시민들은 반원전 데모에 참가를 결의하기 시작했다.

최초의 대규모 반원전 데모 "4.10 원전을 멈추라 데모!"가 개최된 다음 주 주말인 2011년 4월 16, 17일에는 후쿠오카, 오사카, 도쿄, 교토, 니가타에서, 체르노빌 원전 사고 25주년을 맞는 26일에는 삿포로, 히로시마, 도쿄, 가고시마에서 각각 독자적인 반원전 데모가 개최되었다.

뒤이은 황금연휴 기간에도 크고 작은 반원전 데모가 거의 매일 어딘가에서 개최되었다. 4월 29일에는 고베, 오사카, 고치에서, 30일에는 도쿄, 후쿠오카, 마쓰야마에서, 5월 1일에는 노동절 집회와 연계하는 형식으로 오사카, 센다이, 다카사키, 도쿄에서, 2일에는 히로시마에서, 3일에는 니가타, 도쿄, 다카쓰키, 오사카에서, 4일에는 도쿄, 삿포로에서, 7일에는 도쿄, 고베, 지바, 오사카에서, 그리고 8일에는 도쿄, 나고야, 오쓰, 후쿠오카에서 집회가 열렸다.

5월 7일에는 시로토노 란이 제안한 두번째 반원전 데모 "5.7 원전을 멈추라 데모! 시부야의 초대형 사운드 데모!5·7原発やめろデモ!渋谷·超巨大サウンドデモ!"가 도쿄에서 개최되었다. 그 밖에도 후쿠오카에서는 "엄마는 원전 따위 필요 없어요, 행진ママは原発いりませんパレード", 도쿄에서는 "채소도 한마디 합시다! 사요나라 원전 데모野菜にも一言いわせて!さよなら原発デモ!", 오사카에서는 "생선 먹고파, 채소 먹고파, 반원전 메이데이魚が食いて!野菜も食べたい!反原発メーデー", 다카사키에서는 "원전 없이도 좋지 않소이까 대행진原発なくてもエエジャナイカ大行進" 등 독특한 이름과 콘셉트를 가진 반원전 데모가 계속되었다.

황금연휴가 끝난 뒤에도 데모의 기세는 꺾이지 않아, 주말마다 각지에서 반원전 데모가 개최되었다. 5월 14, 15일에는 도쿄, 고리야마, 후쿠이, 이와키에서, 21, 22일에는 가고시마, 시만토, 가마쿠라, 도쿄에서, 28, 29일에는 하코다테, 히로시마, 도쿄에서, 6월 4, 5일에는 와카야마, 오사카, 아오모리에서 독자적인 반원전 데모가 열렸다.

대지진이 발생한 뒤 3개월째 되는 6월 11일, 바야흐로 일본 전체가 반원전 데모의 큰 물결에 휩싸였다. 곳곳의 데모 주최자들이 연계해 전국에서 동시다발적으로 반원전 데모를 하는 대대적인 기획 "6.11 탈원전 100만인 행동6·11脱原発100万人アクション"이 실행에 옮겨진 것이다. 북으로는 아사히카와(홋카이도 북단의 도시_옮긴이)에서 남으로는 이리오모테지마(오키나와 남단의 섬_옮긴이)에 이르는, 일본 열도

를 종단하는 60곳의 도시 각지에서 반원전 데모가 동시에 열렸다.

그중에서도 최대 규모는 시로토노 란이 제안한 세번째 반원전 데모 "6.11 신주쿠 원전을 멈추라 데모!6・11新宿・原発やめろデモ!"였다. 이 데모는 첫번째, 두번째 데모의 규모를 훌쩍 넘어서 2만여 명이 참가한 열광적 집회가 되었다.

"6.11"을 계기로 한꺼번에 분출된 카타르시스가 정점인 양 잠깐 진정되는 듯했던 반원전 데모는 7월이 되자 다시 한 번 기세가 커져, 주말마다 각지에서 각종 반원전 데모가 열렸다. 대지진 발생 반년째가 되는 날에는 큰 이벤트가 기획되었다. 9월 11일에서 19일까지의 일주일을 "탈원전 행동주간"으로 지정하고, 이 기간 중에 전국 동시다발로 대규모 반원전 데모를 실시하는 "사요나라 원전 1,000만인 행동さようなら原発1000万人アクション"이 계획된 것이다.

행동주간 첫날인 9월 11일에는 30여 곳의 도시에서 반원전 데모가 동시 개최되었다. 시로토노 란이 제안한 다섯번째 반원전 데모 "9.11 신주쿠 원전을 멈추라 데모!9・11新宿・原発やめろデモ!"도 이날에 맞춰 열렸다. 그런데 행동주간 마지막 날인 19일에 열린 최대 규모의 반원전 데모의 주역은 시로토노 란이 아니라 정통 시민운동 단체였다.

9월 19일, 도쿄 메이지 공원에는 약 6만여 명의 대군중이 집결했다. 데모대는 세 그룹으로 나뉘어 각각 하라주쿠, 시부야, 신주

쿠 주변에서 요요기 공원, 하라주쿠역, 신주쿠역 쪽으로 행진했다. 1960년대부터 일관되게 반핵, 평화운동을 실천해온 시민운동 단체인 "겐스이킨(원폭, 수소폭탄 금지를 위한 일본국민회의)原水禁(原水爆禁止日本国民会議)"이 주최한 "사요나라 원전 5만인 집회さようなら原発5万人集会"였다. 유명인들도 적극적으로 참여한 이 데모는 2011년에 개최된 반원전 데모 중에서도 최대 규모의 성대한 집회였다.

"탈원전 행동주간"에 이름을 올리고 전국의 반원전 데모에 참가한 인원은 합계 11만 명에 달했다. "사요나라 원전 5만인 집회"를 정점으로, 대지진 발생 이후 2011년 4월부터 9월까지 반년 동안 일본 전국에서 개최된 반원전 데모는 크고 작은 규모를 합해서 약 200건이다. 단순하게 평균을 계산해도 하루 1건 이상, 즉 매일 어딘가의 도시에서는 반원전 데모가 개최되었다고 보아도 무방할 것이다.

이후에도 데모의 기세는 죽지 않았다. 대지진 직후와 비교하면 빈도는 줄었지만, 참가자가 줄어든 것은 아니었다. 그중에서도 겐스이킨이 주최하는 "사요나라 원전 1,000만인 행동"은 이후에도 활동을 계속해 거의 정기적으로 반원전 데모를 열었다. 도쿄에서 개최된 것만 보아도 12월 10일에 약 5,500명, 2012년 2월 11일에는 1만 2,000명, 3월 24일에는 6,000명, 5월 5일에는 5,500명이 데모에 참가했다.

대지진이 발생한 지 1년이 지난 2012년 3월 11일에도 일본 각지에서 대규모 반원전 데모가 개최되었다. 홋카이도에서 가고시마까지 일본 열도를 종단하는 도시에서 60여 건의 반원전 데모가 동시에 개최되었다. 도쿄에서 1만 4,000여 명이 참가한 "3.11 도쿄대행진3.11 東京大行進"을 개최한 단체는 수도권 반원전 연합이었다. 이 데모의 성공에 힘입어 4월 6일부터 총리 관저 앞 데모를 조직하고, 그해 여름의 반원전 데모의 기세를 이끌어냈다.

7월 16일에도 겐스이킨이 앞장서 대규모 반원전 데모 "사요나라 원전 10만인 집회さようなら原発10万人集会"를 개최했다. 이 집회는 도쿄 요요기 공원에서 무려 17만 명이 집결해 공전의 규모를 기록했다. 유명한 음악가 사카모토 류이치坂本龍一의 "왜 전기를 위해 생명을 위험으로 몰아넣지 않으면 안 된다는 겁니까?"라는 인사말로 시작된 데모는 대지진 발생 이후 개최된 반원전 데모 중에도 가장 많은 군중이 모였다.

데모가 이 정도로 일본 사회를 뒤흔들어 놓은 적이 있기나 했던가. 적어도 1960년대에서 70년대 초반 학생운동과 시민운동이 활발하게 전개되던 시대 이후에는 없었던 일이었다. 대지진, 그리고 뒤를 이은 원전 폭발 사고라는 미증유의 충격 속에서, 일본 시민 사회에 오랫동안 잠들어 있었던 투쟁 본능이 깨어난 듯했다.

축제형 데모의 원조는 반한류 데모?

이렇게 반원전 데모가 갑작스럽게 세간의 관심을 끌기 시작한 이해, 원전 문제가 아닌 다양한 주장을 담은 데모가 동시에 등장하기 시작했다. 미군기지 반대 데모, TPP(환태평양경제동반자협정) 반대 데모, 소비세 증세 반대 데모 등 정치·경제에 관련한 시국에 의견을 밝히는 "제대로 된" 데모가 여기저기에서 등장했을 뿐 아니라, 기업 중심 취직 준비에 반대하는 학생들이 들고 일어난 "구직 활동을 박살 내자 데모!就活ぶっこわせデモ!"와 같이, 일상적인 사회 문제를 제기하는 새로운 발상의 데모도 등장했다.

와중에 대단한 기세로 확산되어 간 데모가 "반한류 데모"일 것이다. 일본의 방송국, 특히 후지TV의 프로그램 편성이 한국의 드라마나 대중음악에 "편중"되어, 한국에 이득을 주고 일본에 해를 주는 "편파적" 경향을 보인다고 비판하며 등장한 "후지TV 항의 데모フジテレビ抗議デモ" 등이 지속적으로 열렸다.

직접적인 계기는 배우 다카오카 소스케高岡蒼甫의 트윗 한 줄이었다. 2011년 7월 23일, 다카오카는 후지TV의 프로그램 편성이 한류 콘텐츠에 경도되어 있다는 비판을 담은 메시지를 트위터에 올렸다. 이 트윗에 곧바로 큰 반향이 일었고, 다카오카는 소속사에서 해고되었다. 이후 다카오카의 의견에 동조해 후지TV를 비판하는 의견이 "니찬네루2ちゃんねる, 2ch"(완전히 익명으로 운영되는 유명한 온라인 게시판. 운

영 방식은 한국의 디시인사이드와 비슷하고, 내용은 일베 게시판과 유사하게 우익적인 의견이 다수 게재된다.__옮긴이)를 중심으로 맹렬하게 끓어오르기 시작했다. "후지TV 항의 데모 실행위원회"가 조직되고, 데모가 실현되기에 이르렀다.

8월 7일, 2,500명이 참가한 가운데 도쿄 오다이바에 있는 후지TV 본사 앞에서 최초의 데모가 개최되었다. 도로 사용에 대한 허가를 받지 않은 관계로, 이 데모는 비공식적인 "산보"로 자리매김되었다. 21일에는 후지TV 본사 주변에서 대규모 데모가 두 차례 개최되었다. "후지TV 항의 데모 실행위원회"의 주최로 오후 1시 반에 개최된 집회에는 6,000여 명, 보수 계열 행동단체인 "힘내라 일본! 전국 행동위원회頑張れ日本! 全国行動委員会"의 주최로 오후 4시에 개최된 집회에는 5,000여 명이 참가했다.

이후에도 후지TV 항의 데모는 계속되었다. 9월 17일에는 1,800여 명이 후지TV 본사 앞에서, 10월 15일에는 500여 명이 긴자에서, 2012년 3월 25일에는 400여 명이 아사쿠사에서 모여서 항의 데모를 전개했다.

이와 함께 한류 프로그램의 최대 광고주라고 하는 카오花王를 타깃으로 하는 "카오 항의 데모花王抗議デモ"도 조직되었다. 2011년 9월 16일에는 약 1,200여 명이, 10월 11일에는 700여 명이 도쿄 주오쿠에 있는 카오 본사 앞에 집결했고, 2012년 1월 20일에는 200여 명이

신주쿠에서 항의 데모를 가졌다. 이 데모들은 니찬네루의 "기혼여성 게시판"에서 제안되고 실현되었는데, 이 때문인지 데모에는 적지 않은 수의 주부가 참가했다.

　매스미디어 업계 전반에 영향력이 큰 광고회사 덴쓰電通 및 친한 국적인 보도를 많이 한다고 지목된《아사히신문》을 타깃으로 하는 "덴쓰·아사히신문 항의 데모電通·朝日新聞抗議デモ"도 등장했다. 2011년 11월 20일에는 300여 명이, 2012년 1월 21일에는 200여 명이 덴쓰 본사 및 아사히신문 본사 주변에 모여 항의했다. 이후에도 소프트뱅크, 일본TV, NHK 등 기업을 타깃으로 하는 데모가 끊이지 않았다.

　반한류 데모의 불꽃은 지방으로도 옮겨붙었다. 2011년 8월 28일에는 오사카에서, 9월 18일에는 나고야에서 "후지TV 항의 데모"를 시작으로, 다카마쓰, 히로시마, 센다이 등에도 데모가 확산되었다. 이 데모들은 유스트림Ustream이나 니코니코 동영상으로 생중계되었다. 많을 때에는 10만 명이 넘는 사람들이 전국 각지의 데모 영상을 실시간으로 시청했다.

　이렇게 반한류 데모가 확산될 수 있었던 것은 인터넷에서의 움직임, 특히 이상할 정도로 호응이 좋았던 니찬네루의 분위기 때문이었다. 2011년 7월 28일, 다카오카가 소속사에서 해고되었다는 트윗을 올리고 15분 만에 니찬네루의 뉴스 채널에 토론게시판(스레드)이 개설되었고, 맹렬한 기세로 글이 올라오기 시작했다.

2013년 5월 19일 도쿄 한류의 중심지인 신오쿠보에서 벌어진 반한류 데모의 모습(촬영: 이토 마사아키)

니찬네루는 한 개의 토론게시판에 1,000건까지 의견 표명이 가능하고, 이를 넘어설 경우에는 같은 주제의 후속 게시판을 개설하는 방식으로 운영된다. 또 뉴스 채널에 개설된 토론게시판의 경우, 96시간이 경과하면 후속 토론게시판을 개설할 수 없다는 규칙도 있다. 즉 4일(96시간) 동안 얼마나 많은 후속 토론게시판이 개설되었는지를 보면 그 주제에 관심이 얼마나 쏠렸는지를 알 수 있는 것이다. "4일룰"이라고 불리는 이 운영 규칙과 관련해서 그때까지의 역대 기록은 무려 464개의 게시판이 개설된 후쿠시마 제1원전 사고에 대한 토론이었다. 그런데 다카오카와 관련한 건에 대해서는 4일 동안 무려 522개에 달하는 후속 토론게시판이 개설되어 역대 기록을 압도적으로 경신했다. 적어도 니찬네루에서는 반원전보다도 반한류가 더 큰 관심을 끌어모은 것이다. 실제로 이 주제는 니찬네루의 뉴스 채널 사상 역대적인 기록을 세웠다. 4일 동안 토론게시판에 투고된 게시글은 52만 2,000건에 달했다.

니찬네루의 "공식 용어 사전"은 "현재 진행 중인 이벤트, 사건에 대해 특정 토론게시판이 들끓어 오르는 것"을 "축제(마쓰리)"라고 정의한다. 반한류 문제는 니찬네루 플랫폼에서 사이버 "축제"를 우선 불러일으킨 뒤, 이번에는 거리로 나아가 행진하는 진짜 "축제"로 발전했다. 거리의 데모가 사운드 데모처럼 야단법석 축제 스타일은 아니었지만, 니찬네루 특유의 분위기를 반영한 인터넷 "축제"에서 시작되었다는 면에서 보자면, 반한류 데모야말로 축제형 데모의 원조라고 해야 할지도 모른다.

　모두를 깜짝 놀라게 할 정도로 확산되었던 반한류 데모였지만, 반원전 데모나 서구 사회의 반격차 데모, 중동의 반정부 데모 등 그 밖의 다양한 종류의 시민운동과 동등하게 취급할 만한 흐름이라고 할 것은 아니다. 하지만 그렇다고 해서 별것 아니라고 무시할 성격도 아니다.

　2011년 여름, "아랍의 봄" 이후 혼란에 빠져 있던 중동 지역은 일제히 반미 데모의 열기에 휩싸였다. 중국에서는 센가쿠 열도를 둘러싼 일본과의 영유권 분쟁을 두고, 한국에서는 독도 영유권 문제를 두고 격렬한 반일 데모가 있었고, 이에 회답하는 형태로 일본에서는 반중 데모, 반한 데모가 열렸다. 반한류 데모의 등장은 민족주의적 성격을 띄는 데모가 세계 각지에서 등장하는 사태를 예견하는 듯했다.

　반원전 데모, 반격차 데모, 반정부 데모는 집단행동의 취지가 애초에 진보적, 좌익적 사상에 근거하고 있는 만큼, 어떤 방식으로든 "혁명"을 통해 현존하는 사회질서를 해체, 재구성해야 한다는 요구를 반영하고 있다. 그런데 반일 데모, 반미 데모, 반한류 데모 등은 반대로 보수적인 사상에 근거한다. 민족주의를 지향함으로써 기존의 사회질서를 공고화하고 재확인하려는 방향성을 가진 집단행동인 것이다. 즉 진보적 사상에 근거한 혁명 지향적 집단행동만이 데모라는 형태를 취하는 것은 아니다. 보수적 사상에 근거한 민족주의적인 집단행동 역시 데모에 나서는 경우가 있다.

이런 면에서 보자면, 2011년 이후의 사회운동 사회는 진보적, 혁명 지향적 데모뿐 아니라 보수적, 민족주의 지향을 갖는 데모를 동시에 끌어안는다. 데모의 사상과 이데올로기의 지향점과는 무관하게, 데모라는 집단행동 방식 자체가 공통적으로 활기를 띠어가는 양상이다. 바꾸어 말하자면, 각각의 데모가 주장하는 메시지와는 무관하게, 데모라는 미디어 자체가 점차로 강화되고 있는 것이다.

실제로 반원전 데모와 반한류 데모는 사상적 지향점뿐 아니라 문화자본적, 서브컬처적 지향점도 명백히 다르다. 반원전 데모는 진보적 사상을 표방하고 지향하며, 스타일로 보자면 고엔지·시부야 계열의 서브컬처와 맞닿아 있다. 반면 반한류 데모는 보수적인 사상을 근거로 하며, 아키하바라 계열의 서브컬처를 포용하는 스타일로 진행된다.

명백한 차이점에도 불구하고, 인터넷에서 시작된 축제형 데모라는 기본적인 방식은 같다. 데모를 통해 발산되는 메시지는 전혀 다르지만, 스타일과 방식, 활용 수단에서는 공통된 새로움, 공통된 특징을 갖는다. 요컨대 축제형 데모라는 새로운 스타일, 트위터와 니찬네루로 대표되는 소셜미디어가 새로운 수단으로 등장한 것이다.

제4장
세계의 저항자들
점령 데모의 등장

이토 마사아키

2011년 11월 15일 "월스트리트를 점령하라" 데모의 거점이던 뉴욕 주코티 공원에 대한 퇴거 조치가 있었다. 경찰의 실력 행사가 끝난 뒤에도 긴장이 감도는 공원 벤치에 데모 참가자가 앉아 있다.

데모인가, 집단 캠프인가: 월스트리트를 점령하라

2011년 9월 17일, 뉴욕 월스트리트에 몰려든 2,000여 명의 젊은이는 "격차에 반대한다!"라고 외치고 있었다. 볼링그린 공원을 출발해 데모대는 월스트리트 쪽으로 행진, 황소 동상 주변을 둘러싼 뒤 구호를 외쳤다. 데모대의 움직임을 미리 파악한 뉴욕 경찰이 재빨리 길을 폐쇄했기 때문에, 데모대 일동은 월스트리트에서 내쫓기는 모양새가 되었다. 북쪽에 자리한 작은 광장, 주코티 공원에 도착한 데모대는 진용을 가다듬고 다시 한 번 목소리를 높여 구호를 외쳤다.

이 행진이 이 정도로 마무리되었다면 뉴욕에서 종종 벌어지는 일반적인 데모로 끝났을지도 모른다. 그런데 밤이 되어도 참가자들은 집에 돌아갈 줄을 몰랐다. 물과 음식이 운반되어 왔고, 젊은이 무리는 노래를 부르고 춤을 추며 밤늦게까지 소란을 피웠다. 결국 200여 명의 젊은이들은 종이 박스로 침상을 만들고 하룻밤을 그곳에서 지새웠다. 이곳에서 두 달 동안 계속되어 "월스트리트를 점령하라!Occupy Wall Street!"라는 구호로 세계적으로도 화제가 된 점령 데모의 막이 열린 것이다.

수백 명의 젊은이가 주코티 공원에서 노숙을 계속했다. 젊은이들은 공원을 "자유 광장Liberty Plaza"이라고 불렀다. 그곳을 거점 삼아, 매일 주식시장에서 거래가 시작되는 오전 9시 반, 거래가 종료되는 오후 4시에 월스트리트로 행진을 벌여 증권거래소 앞에서 나팔을 불고 북을 두드리거나 기타를 치는 소동을 벌였다.

광장에는 침낭과 담요, 방수 시트가 깔리고 텐트와 차양이 설치되었다. 대도시 한가운데 갑자기 거대한 집단 캠프촌이 등장한 것이다. 구석에 만들어진 "시민의 부엌people's kitchen"에서는 수백 명의 "캠핑족"들이 미국 전역에서 보내온 배달 피자로 속을 채웠다.

이들의 이런 행동은 매일 매스미디어에 보도되었다. 영화감독 마이클 무어Michael Moore, 배우 수잔 서랜던Susan Sarandon 등 유명인이 행진에 합류한 것도 화제가 되었다. 데모 참가자들은 급증해, 점령 행동을 개시한 지 1주일 뒤 주말인 9월 24일에는 1,000여 명이, 그다음 주인 10월 1일에는 1만여 명이 행진에 참가했다. 주코티 공원에는 하루 종일 2,000여 명이 북적댔다.

젊은이들의 슬로건은 "우리가 99퍼센트다."였다. 미국은 전 인구의 1퍼센트에 부와 권력이 집중되어 나머지 99퍼센트는 혜택을 전혀 누리지 못하는 희생자라는 취지였다. 그런데 그렇다고 해도 구체적인 목표나 요구 사항이 있는 것은 아니었고, 행동과 관련한 구체적인 안건이 제시되지도 않았다. 매스미디어를 포함해 평론가들은 이 점에 대해 의문을 표했으며, 이런 느슨한 태도는 점차로 비판의 빌미가 되었다.

그런 비판에도 동요하는 기색 없이 젊은이들은 주코티 공원을 거점으로 독자적인 공생과 자치 공간을 만들어나갔다. "총회General

Assembly"라고 부르는 집회가 매일 오전 7시에 열렸고, 이 집회에서 운동의 방향성에 대한 토론도 이루어졌다. 집회에는 누구나 참가할 수 있었고, "열stack"에 줄을 선 모두에게 발언권도 주어졌다. 여성과 유색인종 등 사회적 약자에게 우선 발언권을 주기 위한 "우선열progressive stack"도 등장했다.

마이크와 확성기의 사용 허가가 내려지지 않았기 때문에, 집회 참가자들은 "인간 마이크"를 활용했다. 한마디 발언을 하면, 청중이 앞에서 뒤로 순차적으로 발언을 전달해주는 방식이었다. 청중의 의사 표명은 수신호로 이루어졌는데, 두 손을 높이 들어 흔들면 찬성, 손을 내리면 반대, 수평으로 흔들면 찬성도 반대도 아님 등의 제스처가 등장했다.

한편 수십 개의 워킹 그룹이 조직되어 다양한 업무를 수행했다. 진행, 직접행동, 재무, 법무, 의사록, 정보, 미디어, 기술, 의료, 위생, 식당 등 기본을 담당하는 17개의 운영 그룹 이외에도, 음악, 사진, 극장, 요가, 급기야는 명상 파트를 담당하는 다양한 그룹까지 조직되어 광장에서의 생활을 다면적으로 지원했다.

광장에는 여러 가지 시설과 설비가 차례로 정비되었다. "시민의 부엌"에는 일류 호텔에서 해고당한 셰프가 요리를 제공하는 자칭 "별다섯 개 레스토랑"도 생겼다. 레스토랑에는 접시를 씻은 물을 여과장치로 정수해서 화단과 나무에 물을 뿌리는 순환 시스템이 도입되

제1부 데모라는 미디어

었다. 500권 이상의 도서와 검색 서비스, 전문 도서관 사서가 있는 "시민 도서관people's library"도 들어섰다. 24시간 운영되는 이 도서관에서는 매주 금요일 밤에 시 낭독회가 열렸다.

광장의 한구석에 생긴 정보 코너에는 노트북과 무선 라우터가 설치되었다. 페이스북, 트위터, 유튜브, 유스트림 등으로 24시간 정보 발신이 이루어졌고, 각지의 동지들과의 회의는 스카이프를 이용했다. 처음에는 휘발유로 돌리는 발전기로 전력을 공급했는데, 뉴욕 소방국이 화재 위험을 이유로 철거를 명령한 뒤에는 자원봉사자가 자전거 페달을 돌려 전기를 만드는 친환경 발전 시스템이 가동되었다.

현지에 잠입 취재한 CNN의 뉴스캐스터 에린 버넷Erin Burnett은 광장의 이런 풍경을 "즐겁게 춤추는 사람, 어린아이, 치어리더, 분장을 한 연기자까지" 데모와 아무 관계가 없어 보이는 별별 사람들이 모여 있고, "고급 브랜드의 요가복을 입거나 비싼 컴퓨터와 스마트폰을 사용하는" 등 격차 문제와도 동떨어진 듯이 보이는 사람들이 "책을 읽고 봉고를 두드리거나 기타를 치면서, 스포츠 음료를 마시고 피자를 먹는" 피크닉과도 같은 모습이라고 묘사했다. "참가자들은 도대체 무엇에 항의하고 있는 것일까요? 이곳의 그 누구도 모르는 듯합니다."

11월 15일 심야, 광장의 위생 상태 악화를 구실로 뉴욕 경찰은 점거자들을 퇴거시키는 실력 행사에 들어갔다. 광장에서 쫓겨나는 점거자들에게 다시는 광장에 되돌아와서 텐트를 쳐서는 안 된다는 엄중한 경고가 전달되었다. 데모대와 경찰은 한동안 대치하기도 했으나, 이윽고 텐트촌은 철거되었고 대도시 한가운데에 등장했던 집단 캠프촌은 사라졌다. 자유 광장은 예전의 주코티 공원으로 되돌아왔다. 2개월 동안 계속되던 점령 데모의 흔적은 어디에서도 찾아볼 수 없었다.

이렇게 해서 "월스트리트를 점령하라"는 막을 내리는가 싶었지만, 월스트리트에서 불타오르기 시작한 일련의 집단행동, 이른바 "어큐파이 운동"의 불은 미국 전역으로 옮겨붙은 뒤였다. 더 나아가 이 불길은 세계 곳곳의 광장과 공원을 침낭과 텐트를 들고 온 젊은이와 환성으로 가득 찬 집단 텐트촌으로 변모시키고 있었다.

인터넷에서 시작된 데모

역시 시작은 인터넷이었다. 밴쿠버에서 발행되는 잡지 『애드버스터스 Adbusters』의 발행인 칼레 라슨Kalle Lasn은 2011년 7월 13일 잡지의 블로그에 다음과 같은 글을 올렸다. "월스트리트를 점령하자. 9월 17일, 텐트를 지참할 것."

"광고 때리기"를 통한 기업 비판, 나아가 상업주의와 소비주의에 대한 비판을 담아 1990년대 중반부터 세계적인 규모로 전개되고 있는 "문화 간섭culture jamming"을 실천하는 『애드버스터스』와 웹사이트는 세계 전역에 구독자를 확보하고 있다. 이 잡지를 선도하는 라슨이 블로그에 올린 이 메시지는 세계적으로 반향을 일으켰다. 특히 메시지와 함께 공개된 해시태그 "#occupywallstreet"가 소셜미디어에서 무서운 속도로 공유됐다. 7월 15일에 벌써 페이스북 페이지 "어큐파이 월스트리트.org^OccupyWallST.org"가 개설될 정도였다.

정보 확산에 특히 큰 역할을 한 단체는 "어나니머스^Anonymous"였다. 일본의 "후타바☆찬네루"를 모방했다고 전해지는 익명 게시판 "4chan" 커뮤니티에서 출발해, 다양한 사회운동에 관여하고 있는 운동가 "핵티비스트^Hacktivist"(해커^hacker와 액티비스트^activist를 합성한 신조어_옮긴이)들의 단체이다. 인터넷 서버에 "디도스 공격"을 가해서 해를 입히고, 17세기 영국의 반역자 가이 포크스^Guy Fawkes의 가면을 쓴 채 거리를 활보하는 기묘한 항의 행동을 통해 온라인과 오프라인을 넘나들며 독특한 스타일의 데모를 해왔다. 단순한 "해커"가 아니라, 해킹을 통한 "사회 실천"을 한다는 의미에서 "핵티비스트"라 불린다.

2011년 "아랍의 봄" 당시, 민중을 탄압하는 나라의 정부 웹사이트에 디도스 공격을 감행해, 중동의 민주화 운동을 지원하는 "튀니지 작전", "이집트 작전"을 벌였고, 그 뒤를 이어 이번에는 미국의 움직임을 지원하기 위해 움직이기 시작한 것이다.

8월 13일에는 데모 참가를 권유하는 동영상이 유튜브에 업로드되었고, "9월 17일, 어나니머스는 로어 맨해튼 지역에 모이겠다. 텐트를 치고, 식당을 만들고, 평화로운 바리케이드를 만든 뒤, 수개월 동안 월스트리트를 점령할 계획이다."라는 선언도 올라왔다. 《내셔널 퍼블릭 라디오 National Public Radio, NPR》 등 진보적인 미디어, 《허핑턴 포스트 The Huffington Post》 등 온라인 미디어, 《CNN머니 CNN Money》 등 금융계 미디어가 먼저 이 영상에 주목했고, 정보는 인터넷에서 급속히 퍼져나갔다.

9월 8일에는 트위터의 트렌드 코너를 "장악"해서 자기들이 고른 메시지가 수월하게 표시되도록 하는 프로그램 "URGE"를 공개하며 이런 선언도 했다. "트위터의 트렌드 코너는 지긋지긋하다. 이 세계에서 자유롭게 생각하는 개인에게 있어서 정말 유의미하고 변화를 일으킬 만한 해시태그는 올라오지 않기 때문이다. URGE를 이용하면 누구나 세계에서 일어나는 일에 관심을 갖고, 엉터리 TV 프로그램이나 음담패설의 바깥에 문제가 존재한다는 것을 알 수 있을 것이다."

이후 9월 17일 주코티 공원에서 실제로 점령 데모가 시작되자, 어나니머스는 월스트리트를 향해 집요한 사이버 공격을 개시했다. 19일에는 연방준비은행, 골드먼삭스, 나스닥에게 검은 종이를 팩스로 보내기 시작했다. 25일에는 데모 참가자들을 향해 최루가스를 쏜 뉴욕 경찰의 이름과 직위, 관할 지역, 전화번호며 가족의 이름 등 개인 정보를 폭로하는 비난 영상을 유튜브에 업로드했다. 10월 2일에는 뉴욕 증권거래소 서버에 디도스 공격을 감행해 몇 분 동안 웹사이트를 다운시켰다.

어린아이 장난처럼 유치하다고도 할 수 있는 이 공격은 월스트리트의 중추에 심각한 피해를 입히지는 않았지만, 세간의 주목을 끌기에는 충분했다. 결과적으로는 이런 공격을 사회적 화제로 만듦으로써 주코티 공원에서 일어나고 있는 일에 대해 주목을 끌어모으는 데에는 성공했다.

한편 실제로 점령 데모에 참가한 사람들은 정보 코너를 십분 활용해 온라인 동향에 주의를 기울이며, 행동의 거점이 될 수 있는 온라인 거점을 만들어나갔다. 9월 19일에 오픈된 페이스북 페이지 "어큐파이 월스트리트"에 최초의 데모를 촬영한 유튜브 영상 링크가 걸렸고, "어큐파이 월스트리트occupywallst.org", "뉴욕시 총회www.occupy.com/tags/new-york-city-general-assembly" 등 데모와 관련한 웹사이트가 연동해서 생겨났다.

점령 운동은 이후 미국 전역은 물론 전 세계적으로 퍼져나갔는데, 이 집단행동의 거점은 예외 없이 인터넷이었다. 먼저 각 주체를 통합하기 위한 페이스북 페이지 "어큐파이, 투게더(함께 점령하자)www.facebook.com/OccupyTogether"가 생겼고, 이어서 "어큐파이, 투게더www.occupytogether.org", "테이크 더 스퀘어(광장을 손에 넣자)takethesquare.net" 등의 웹사이트가 차례로 정비되었다. 최초의 데모 이후 한 달이 되는 10월 중순까지 점령 데모 관련 페이스북 페이지는 120개를 넘었고, 트위터의 해시태그는 500개에 달했다.

주코티 공원의 텐트촌이 철거되고, 최초의 점령 행동이 막을 내린 뒤에도 사이버 공간의 분위기는 식지 않았다. 다른 운동 단체와 적극적인 연대를 통해 오히려 더 맹렬히 타올랐다. 광장에서 매일 아침 열리던 총회 모임은 "뉴욕시 총회" 웹사이트로 완전히 이행되어 계속되었고, 워킹 그룹들도 사이버 공간으로 이동해 활발한 활동을 이어갔다.

수십 개의 워킹 그룹에는 수십 명에서 수백 명, 많은 경우는 1,000여 명이 등록해 활동을 벌였다. 온라인 포럼에 정보를 공유하고, 서류 코너에 정보를 기록하고, 교류 코너에서 외부와 연락을 취하며, 회원 코너에서 상호 교류가 이루어졌다. 회원 코너는 페이스북에 준하는 "친구" 기능, 트위터에 준하는 "멘션" 기능, 그룹 전용 메일링리스트, 해시태그는 물론, 개인화 기능까지 실현되었다.

"뉴욕시 총회" 웹사이트는 독자적인 소셜미디어 기능을 갖추고 있을 뿐 아니라, 다양한 소셜미디어와 연동할 수 있도록 설계되었다. 주코티 공원에서 공생과 자치를 위한 공간이 만들어졌던 것처럼 인터넷에서도 독자적인 운동 공간이 만들어졌다. 광장에서 쫓겨난 "캠핑족"들은 이번에는 온라인 공간에 정착해, 토론하고 계획을 세우는 한편 가두 데모를 조직해나갔다. 온라인 공간에 사이버 텐트촌, 사이버 자유 광장이 생겨난 셈이었다.

타흐리르 광장에서 세계로: 아랍의 봄

라슨이 최초로 "월스트리트를 점령하라"는 메시지를 블로그에 올린 것은 충동적인 아이디어는 아니었다. 발상의 배경에는 그즈음 전 세계인을 충격에 빠뜨렸던 큰 사건들이 있었다. 하나는 중동 지역에서 일어난 일련이 반정부 데모와 정치적 격변, 다시 말해 "아랍의 봄" 사태였고, 다른 하나는 그 영향을 받아 스페인에서 일어난 반격차 데모 "인디그나도스 운동"이었다.

"아랍의 봄"의 직접적 계기는 한 청년의 죽음이었다. 2010년 12월 17일 튀니지 남부 도시 시디부지드에서 노점을 하던 한 가난한 청년이 경관에게 모욕을 당하고 좌판을 몰수당한 것에 항의, 분신자살을 시도했다. 이 청년의 사촌이 이 사건에 대한 시 당국의 대응과 이에 항의하는 사람들의 모습을 촬영한 동영상을 유튜브에 올렸다. 이를 계기로 정부에 불만을 안고 있던 사람들의 분노가 항의 행동으로 번지게 되었다.

12월 22일 시디부지드에서 시작된 반정부 데모는 순식간에 다른 지역으로 퍼져, 27일에는 수도 튀니스에 불똥이 튀었다. 해를 넘겨 2011년 1월 3일, 튀니스에서 수백 명의 젊은이가 집결해 대통령의 퇴진을 요구하는 데모를 벌였다. 9, 10일에는 전국으로 데모가 확산되어 튀니지 각지에서 격렬한 투쟁이 시작되었고, 14일에는 튀니스의 내무성 앞에 5,000여 명이 모여 대규모 데모를 열었다. 이로 인해 벤 알리^Ben Ali 대통령은 해외로 도피하고, 23년간 계속되어 온 독재정권이 막을 내리게 된다.

튀니지의 국화國花의 이름을 따 "재스민 혁명^Jasmin Revolution"이라고도 불리는 이 극적인 정변은 아랍의 이웃 나라에 영향을 미쳤다. 먼저 반응을 보인 것은 이집트의 젊은이들이었다. 이집트에서는 2008년부터 4월 6일마다 집행되는 노동쟁의를 지원하기 위해 결성된 "4월 6일 운동"이라는 단체와, 2010년 경관의 구타로 살해된 한 청년을 추도하기 위해 결성된 "우리는 모두 할리드 사이드다"라는 단체가 각각 페이스북 페이지를 거점으로 반정부 활동을 벌여왔다.

이들은 공휴일로 지정된 1월 25일 "경찰의 날"을 "분노의 날"로 바꾸겠다고 선언했다. 그리고 "재스민 혁명"이 최고조에 달했던 1월 15일, "4월 6일 운동"은 페이스북 페이지에 다음과 같은 공지를 올렸다. "약속의 날은 25일이다. 너무 촉박한가?"

열흘 뒤 1월 25일, 카이로의 타흐리르 광장에는 4만 5,000여 명의 대군중이 모여 대통령 퇴진을 요구하는 데모를 벌였다. 이후 타흐리르 광장에는 매일 대규모 데모가 열렸고 격렬한 투쟁이 벌어졌다.

타흐리르 광장은 거대한 공생 공간이 되어갔다. 로터리, 잔디밭,

보도 등 여기저기에 대규모 텐트촌이 생겨났다. 무수히 많은 텐트가 쳐지고, 침낭과 담요, 방수 시트가 깔렸다. 주변에는 급수대와 화장실, 재활용 시스템을 갖춘 쓰레기장이 생겼다. 부모가 데모에 참가하는 동안에 아이들을 맡길 수 있는 탁아소도 설치되었다. 병원과 약국도 생겼는데, 병원에는 자원봉사 의사가 상주하며 투쟁 중에 다친 시민을 무료로 진료했다. 약국에서도 약을 무료로 제공했다. 광장 한구석에 있던 켄터키 프라이드 치킨 가게가 병원인 "KFC 클리닉"으로 변신했다. 텐트촌 한편에 마련된 "블로거 구역"에서는 페이스북과 유튜브를 통해 데모 상황이 시시각각 공유되었고, 가게의 쇼윈도를 활용한 "뉴스페이퍼 벽"에는 방금 나온 신문이 붙여졌다.

광장은 동시에 거대한 축제 공간으로 변했다. 유머가 넘치는 플래카드, 기발한 오브제, 각양각색의 깃발과 휘장이 광장을 가득 메웠고 경쾌한 선동의 구호가 참가자들을 들뜨게 했다. 작가나 연예인, 배우들도 광장에 모여들었고, 거리에서는 퍼포머와 아티스트들의 간이 공연이 끊이지 않았다. 광장의 여기저기에서 가수가 노래를 하고 밴드가 연주를 하며 시인은 낭독을 했다. 카페, 이발소, 세탁소가 생기고, 식재료나 인스턴트 식품을 판매하는 가게도 생겼다. 독특한 의상을 입고 페이스 페인팅을 한 채 으쓱거리며 돌아다니는 사람도 있었다. 급기야는 이 광장에서 결혼식을 올리는 커플도 있었다. 축제가 벌어지는 듯한 광장의 풍경은 휴대전화로 촬영되어 플리커나 유튜브에서 공유되었고, 페이스북과 트위터로 전파되었다. 그걸 본 사람들이 광장으로 모여들어 데모대에 가담했다.

매일 성대해져 가는 데모대의 위용에 위협을 느낀 이집트 정부는 1월 28일, 인터넷을 차단하는 강수를 둔다. 국가의 기간 네트워크를 전면 차단했기 때문에 웹사이트 접속이나 이메일 송수신은 물론, 페이스북이나 트위터 이용도 불가능해졌다. 이에 대항해 구글은 산하의 음성기술기업 세이나우^{SayNow}와 트위터를 연계해서 음성 전화 내용을 자동적으로 트윗 메시지로 변환시키는 시스템을 곧바로 제공했다. 그러는 동안에도 데모는 확산되었다. 2월 6일에 타흐리르 광장에 모인 군중은 100만 명이 넘는 거대한 규모였다. 2월 7일에는 "우리는 모두 할리드 사이드다"의 창설자이자 구글 서비스의 중동 북아프리카 지역 책임자이며, 데모의 주동자로서 1월 말에 체포된 와엘 고님$^{Wael Ghonim}$이 석방되어 방송에 출연했다. 눈물을 흘리면서 민주화를 호소하는 그의 모습이 민중의 마음을 더욱 움직였는지 데모는 커져만 갔다. 10일에는 타흐리르 광장에 200만 명이 모여들었다. 그 결과 무바라크 대통령은 사임했고, 30년 넘게 계속된 독재정권이 붕괴하기에 이르렀다.

튀니지에서 시작되어 이집트로 전파된 정변은 주변의 다른 나라에도 영향을 미쳤다. 예멘, 알제리, 바레인, 리비아 등에서도 대규모 반정부 데모가 일어났고, 그 결과 예멘과 리비아에서도 기존 정권이

　　　　　　　　　　　　　　　제1부 데모라는 미디어

붕괴되었다. 여파는 중동 지역을 벗어나 지중해를 건너 유럽에까지 도달했다. 가장 강렬한 반응을 보인 것은 스페인의 젊은이들이었다. 인디그나도스 운동이 시작된 것이다.

원조 점령 데모: 인디그나도스 운동

2008년 리먼 쇼크 이후 심각한 경제 위기에 빠진 스페인에서는 25세 이하 젊은이의 절반 이상이 무직인 사태가 지속되고 있었다. "아랍의 봄"에 자극받은 마드리드의 학생들은 2011년 3월 "미래 없는 젊은이들Juventud Sin Futuro"이라는 단체를 결성했다. 그들의 제안으로 4월 7일 반격차 데모가 마드리드에서 처음으로 열렸다. 이후 마드리드의 학생들은 200여 개 소규모 운동 단체가 연합한 디지털 플랫폼 "데모크라시아 레알 야Democracia Real Ya(지금이야말로 진짜 민주주의를)"라는 웹사이트를 개설했다.

웹사이트를 통해 젊은이들은 지방선거가 예정되어 있는 5월 22일을 일주일 앞둔 15일에 집단행동을 일으킬 것을 제안했다. 스페인 전국의 약 50여 개 도시에서 일제히 대규모 데모가 벌어졌다. 마드리드에 5만여 명, 바르셀로나에 1만 5,000여 명, 그라나다에 5,000여 명이 모였고, 전국의 참가자가 13만 명에 달하는 것으로 집계되었다.

데모가 끝난 뒤, 마드리드에서는 참가자 일부가 경찰의 난폭한 진압에 항의해 푸에르타 델 솔 광장에 머물며 귀가를 거부했다. 광장에서 하룻밤을 지새운 데모대는 점거를 풀지 않았고, 다음 날 사람들이 속속 합류하는 가운데 젊은이 300여 명의 점령 투쟁이 시작되었다. 이에 화답하는 듯, 바르셀로나 카탈루냐 광장에서도 200여 명의 젊은이들이 점령 투쟁을 시작했다. "월스트리트를 점령하라"보다 4개월 앞서 스페인 전역에서 대규모 점령 데모가 막을 올린 것이다.

광장에는 침낭, 담요, 방수 시트 등이 운반되었고 텐트와 차양이 쳐졌다. 거대한 텐트촌 한편에는 다양한 가게뿐 아니라, 지지자들이 보낸 식료품을 제공하는 공공 식당, 자원봉사 간호사들이 운영하는 탁아소, 4,000권 이상의 책을 완비한 도서관이 등장했다. 다양한 의견과 제안을 받는 아이디어 박스, 의견을 축적해두는 아이디어 뱅크가 개설되었고, 데모 참가자들의 생각을 공유하기 위한 "생각하는 날"이 지정되었다.

수십 개가 넘는 워킹 그룹이 조직되었다. 인프라, 진행, 규율, 존중, 식료, 법무, 정보, 도서관, 대외관계, 어린이, 페미니즘, 이민자, 종교, 동물 보호 등 다양한 분야의 실무 담당자가 생겼다. 예를 들어, 존중 그룹은 캠프촌 안팎의 평화와 질서 유지를 위해 인근 주민들과 대화했고, 현장에서 술이나 마약을 철저하게 금지했다. 식료 그룹은 공공 식당을 운영하면서 농업의 공업화에 항의하는 의미로 토마토와 양상추, 가지 등을 광장 한구석에 심었다.

워킹 그룹을 주축으로 하는 운영 회의가 매일 오후 1시에 열렸고,

오후 8시에는 "총회Assembly"라 이름 붙여진 집회에서 운동 방침에 대한 총토론이 이루어졌다. 토론은 "데모크라시아 레알 야" 웹페이지의 국제 면에 보고되었고, 유스트림으로 생중계되어 전 세계에 공유되었다. 나중에 뉴욕 주코티 공원에도 등장한 다양한 방법론은 실은 스페인의 광장에서 처음 고안되고 실천된 것이었다.

스스로는 "5.15운동"이라 이름 붙였고, 나중에 "인디그나도스 indignados(분노한 자들)"라고 불리게 되는 이 운동은 스페인 전역으로 파급되었다. 마드리드와 바르셀로나뿐 아니라, 발렌시아, 말라가, 그라나다 등 약 30여 개 도시의 광장과 공원이 점령당했다. 브뤼셀과 베를린 등 유럽의 도시들, 보고타와 멕시코시티 등 남미 도시에서도 비슷한 점령 데모가 벌어졌다.

마드리드의 데모대는 6월 12일 푸에르타 델 솔 광장에서 일시적으로 퇴거했다. 하지만 이는 인디그나도스 운동이 끝났다는 의미가 아니라, 오히려 일주일 뒤 전국 규모의 큰 데모를 준비하기 위해서였다. 6월 19일 "데모크라시아 레알 야"가 주최한 집단행동이 스페인 전역 80개 도시에서 개최되었다. 참가자는 두 배로 불어나 약 25만 명에 달했다.

인디그나도스 운동에서 실험된 발상, 방법, 테크닉 등은 이후 "월스트리트를 점령하라" 운동에 계승되었다. 9월 17일 주코티 공원의 점령이 시작되자, 스페인 활동가들은 뉴욕으로 건너가 방법을 전수했다.

 정보는 미국의 다른 도시들에도 전해져서, 점령 데모가 확산하는 가운데 점차로 모양이 잡혔다. "오클랜드를 점령하라", "시카고를 점령하라", "시애틀을 점령하라", "D.C를 점령하라", "포틀랜드를 점령하라", "오스틴을 점령하라", "샌안토니오를 점령하라", "캔자스시티를 점령하라", "샌프란시스코를 점령하라" 등등 비슷한 유형의 점령 데모가 곳곳에서 일어났다. "월스트리트를 점령하라" 이후 한 달도 지나지 않아 미국 600곳 이상에서 크고 작은 데모가 끊임없이 일어났다.

 한편 인디그나도스 운동의 지도자들은 스페인에서 데모가 시작된 지 5개월이 되는 10월 15일에 세계적 규모로 데모를 하자는 제안을 했다. 처음에는 유럽에서 호응을 얻던 이 제안은 "월스트리트를 점령하라" 이후 미국 각지에서도 반응을 얻었고, 세계 곳곳으로 퍼져나갔다. 10월 15일, 전 세계 약 80개 나라, 900여 개 도시에서 전례 없는 규모의 데모가 개최되었다.

 이날 마드리드에는 50만여 명, 로마에 40만여 명, 바르셀로나에 35만여 명, 발렌시아, 리스본, 샌디에이고에 10만여 명, 뉴욕에 5만여 명, 사라고사에 4만여 명, 말라가, 포르투에 2만여 명, 베를린, 자그레브에 1만여 명이 집결했다. 그 밖에도 수십 개 도시에서 수천 명 규모의 데모가, 수백 개의 도시에서 수백 명 규모의 데모가 있었다.

이날은 전 세계가 점령 데모에 휩싸인 날이었다. 아랍의 봄과 인디그나도스 운동, 어큐파이 운동, 각 지역으로 확산된 데모들이 합류하고 집결하고 연대해서 거대한 흐름으로 부상하는 순간이었다.

새로운 데모의 계보: 세계에서 일본으로

2011년, 세계에서는 점령 데모, 일본에서는 축제형 데모가 새로이 등장했다. 두 새로운 스타일의 데모가 완전히 동떨어진 장르는 아닐 것 같다.

아랍의 봄이나 인디그나도스 운동, 어큐파이 운동의 경우, 광장과 공원의 점령 행위는 실제로는 그 공간에서 축제와 같은 시끌벅적한 활동을 통해 실현되었다. 일본의 사운드 데모의 경우, 축제 같은 야단법석 행위는 실제는 도로를 점령하는 행위로 실천되었다. 축제형 데모와 점령 데모는 같은 실천의 두 얼굴이라고 볼 수도 있다. 광장이나 공원, 도로를 점령하고 축제처럼 떠들썩한 모임을 벌이는 행위를 "축제적 야단법석에 의한 점령 행동"이라고 포괄해도 될 것 같다.

이런 행위의 직접적 의도는 특별한 공간을 만들어내는 것이라고 할 수 있다. 즉, 축제 공간이면서 한편으로는 공생 공간, 자치 공간인 특별한 장소를 스스로의 힘으로 일시적이라도 만들어내는 것. 이를 위한 방법으로 "축제"와 "캠프"라는 행동 방식을 취한 것이다.

사회운동을 통해서 창출되는 이런 공간에 대해, 하킴 베이^{Hakim}

Bey(1991)는 "일시적 자율 공간Temporary Autonomous Zone, TAZ"이라는 개념으로 설명했다. 베이에 따르면, 현대의 사회운동은 역사를 만들기 위한 판이라기보다, 역사로부터 도피하기 위한 판이다. 지속적인 사회 개혁을 목표로 하는 "혁명"이 아니라, 일시적인 지상 체험을 목표로 하는 일종의 "반란"을 꿈꾼다는 것이다. 특정 시공간을 일시적으로 점령해 잠시 동안 흥청거리는 축제를 실현한 뒤 소멸한다. 그런 뒤 이번에는 전혀 다른 시공간에 출현해서 유사한 순간을 연출한다. 마치 게릴라전과도 같이 이렇게 나타나고 사라지기를 반복하며 전개되는 것이야말로 현대의 사회운동이라는 것이다.

마치 그 생각을 실천에 옮기듯 1990년대 중반 이후, 새로운 방식의 사회운동이 세계 각지에서 나타났다. 처음에 움직임이 가장 뚜렷했던 것은 영국이다. 그중에서도 "거리를 되찾자Reclaim the street"라는 운동이 가장 화제를 모았다. 자동차에 독점된 도로를 사람들이 생활하기 위한 공간으로 되돌리자는 것이 명분으로, 사람들은 도로를 점거하고 법석을 떨었다. 그저 거리를 되찾자는 단순한 항의의 표명이라기보다는, 길에서 벌이는 파티이자 축제이자 카니발이었다. 사람들은 길 한가운데를 점령하고 자전거와 죽마를 타고, 소파나 카펫에 드러눕고, 골프나 배구 경기를 벌였으며, 모래밭이나 수영장, 정글짐을 만들기도 했다. 나오미 클라인Naomi Klein의 표현을 따르자면, 거리를 "초현실주의자의 놀이터"로 변모시켰다. 1995년 런던에서 시작된 이 운동은 맨체스터, 브리스틀, 브라이턴, 옥스퍼드 등으로 퍼져나가 영국 전역을 들끓게 했다.

영국에서는 비어 있는 창고를 점거하고 댄스 파티를 벌이면서 이전과는 다른 방식으로 공동체를 만들고자 하는 "엑소더스 컬렉티브Exodus collective", 유휴지를 점거해서 주민들과 교류하면서 생기를 잃어가는 공동체를 재생시키고자 하는 "더 랜드 이즈 아워즈The land is ours", 환경 파괴를 일삼는 기업과 공장을 점거해서 업무를 방해하고 기계를 멈추게 하는 "어스 퍼스트!Earth First!" 등 소란을 피우며 점령 행동을 수행하는 독특한 사회운동이 유행하고 있었다.

물리적 공간뿐 아니라, 미디어의 공간이나 인터넷 공간을 점거하는 운동도 다양하게 전개되었다. 간판 광고에 낙서를 하거나 잡지 광고의 내용을 바꾸어버리는 활동으로 기업에 비판적 메시지를 전하는 "문화 간섭", 정부와 기업의 서버에 디도스 공격을 가하는 방법으로 네트워크 운동을 전개하는 "핵티비스트" 등이 예다. "문화 간섭"의 흐름을 통해 "애드버스터스"가 탄생하고, 핵티비즘 속에서 "어나니머스"도 조직된다. 이 두 단체의 제안과 기획을 통해 "월스트리트를 점령하라"가 실현되었다는 점은 이미 언급했다.

1990년대 중반 이후, 새로운 형태의 사회적 실천이 다양한 방식으로 실현되던 영국의 상황을 "DIY 문화DIY Culture"라는 명칭으로 정리한 조지 매케이George Mckay는 이 운동들이 독자적인 공간을 창출하기 위해 노력한다는 점에 주목했는데, 이 경향은 나중에 점령 데모라는 방식으로 전개된다. 한편 팀 조던[Tim Jordan]은 이 시기의 행동주의가 즐거운 정치, 유쾌한 정치를 지향하는 특징이 있다고도 했는데, 이는 후에 축제형 데모의 특성과 연결된다.

영국에서 시작된 새로운 방식의 사회운동은 이후 "반세계화 운동"으로 확대되어 전 세계 규모로 광범위하게 전개된다. 1999년 11월 30일에 벌어진 대규모 집단행동 "시애틀 투쟁[Battle of Seattle]"이 직접적인 계기가 되었다. WTO(세계무역기구) 관료 회의가 개최 중이던 시애틀에 7만여 명이 집결해, 세계화에 의한 자본주의의 폭주를 우려하고 반대하는 큰 데모를 벌였다. 이 데모 역시 단순한 항의 행동은 아니었다. 알록달록한 코스튬 플레이, 화려한 페이스 페인팅, 괴상한 인형 옷을 입거나 우스꽝스럽게 분장한 사람들이 거대한 허수아비 인형을 선두로 북과 징, 탬버린을 두들기고 트럼펫과 기타로 소음을 만들며 소란스럽게 행진했다. 법석을 떠는 데모대의 모습은 매스미디어를 통해 전 세계에 전파를 탔다.

비슷한 스타일의 반세계화 운동이 세계 각지에 퍼져나갔고, 주요한 국제회의가 개최될 때마다 회의지에는 소란을 피우는 데모대가 모여들었다. 2000년 4월 16일, 워싱턴에서 열린 IMF(국제통화기금)·세계은행회의에 3만여 명, 같은 해 9월 26일에는 프라하에서 열린 IMF·세계은행정기총회에 2만여 명, 2001년 7월 20일에 제노바에서 열린 G8서밋에 25만여 명, 2002년 3월 15일 바르셀로나에서 열린 EU서밋에 50여만 명의 대군중이 집결해 대규모 데모를 벌였다.

세계 곳곳에서 모여든 데모대는 현지의 공원과 광장에 수많은 텐트를 치고 공동생활을 했다. 이 집단 캠프촌에서는 활발한 정보 교류가 이루어졌고, 친구를 만들거나 동지와 만났으며, 정보를 발신하는 거점이 되기도 했다. 반세계화 운동은 축제형 데모와 점령 데모라는 두 장르를 명확하게 결합했다.

미국의 세계무역센터 쌍둥이 빌딩과 국방부 펜타곤이 동시에 공격받은 9.11테러 이후, 반세계화 운동은 이라크 전쟁에 반대하는 세력과 합류해 세력을 키워나갔다. 강경한 태도로 이라크 전쟁에 나선 미국과 그를 지원하는 연합국에 이의를 제기하며 전쟁 반대를 주장하는 데모와 행진이 벌어졌고, 한편으로는 그 심각한 의의를 의심할 정도로 유머러스한 퍼포먼스가 곁들여진 화려한 집회가 세계 곳곳에서 일어났다.

2001년 9월 19일에는 워싱턴에 2만 5,000여 명이, 10월 13일에는 런던에 5만여 명이, 2002년 3월 2일에는 다시 런던에 2만여 명이, 4월 20일에는 워싱턴에 10여만 명이, 샌프란시스코에 5만여 명이, 9월 28일에는 런던에 40여만 명이, 11월 9일에는 피렌체에 100여만 명이 집결했다.

세계의 운동 조직이 연대해 전 세계 규모의 거대한 동시 데모를 벌이기도 했다. 2002년 10월 26일에 워싱턴에 20여만 명, 샌프란시스코에 10여만 명, 베를린에 3만여 명이 집결했다. 2003년 1월 18일에는 워싱턴에 50여만 명, 샌프란시스코에 20여만 명, 마드리드에 3만여 명이 모였고, 2월 15일에는 로마에 250여만 명, 런던에 200여만 명, 뉴욕에 50여만 명, 멜버른에 20여만 명이 데모에 참가했다. 이라크 전쟁 선포 직전인 3월 15일에는 밀라노에 70여만 명, 마드리드와 바르셀로나에 30여만 명, 워싱턴에 10여만 명, 파리에 8만여 명이 데모를 했고, 4월 12일에는 로마에 50여만 명, 바르셀로나에 30여만 명, 런던에 20여만 명, 마드리드에 20여만 명이 집결했을 뿐 아니라, 세계의 수십 개국 수백 개 도시에서 각각 대규모 집회가 개최되었다.

흐름은 일본에도 감지되었다. 도쿄의 활동가 단체 "CHANCE!"의 제안으로 "피스 워크 Peace Walk"라고 명명된 요란한 데모 행진이 9.11 테러 10여 일 뒤인 9월 23일, 도쿄 시부야에서 개최되었다. 이후에도 "CHANCE!"가 주최하는 평화 행진이 매주 이어지는 가운데, 흐름은 일본 전역으로 확산되었다. 10월 21일에는 전국에서 30여 건, 12월 8일에는 50여 건의 행진이 동시 개최되었다.

이 데모에서는 공격적인 선동 구호와 전투적인 슬로건을 소리 높여 부르짖는 행동은 의도적으로 자제하고, 친근하고 편안한 분위기를 강조해 길가의 행인들도 가벼운 마음으로 행진대에 합류할 수 있도록 배려했다. 1960년대에서 1970년대 초반에 드높았던 학생운동,

시민운동의 스타일과는 전혀 달랐다. 그 결과, 아이를 데리고 있는 주부나 젊은 연인 등 그때까지는 데모라는 행위와는 거리가 멀어 보였던 다양한 부류의 다양한 사람들이 폭넓게 참가했다.

반전 데모나 평화 행진을 나름대로 진행해왔던 다른 운동 단체도 연대해 이런 새로운 스타일의 데모를 더욱 큰 규모로 실현해나가기 위한 네트워크를 출범시킨다. "월드 피스 나우World Peace Now"이다. 2003년 전쟁 선포의 날이 다가오는 가운데, 지금까지와는 다른 방식의 평화 행진, 평화 집회가 사수 개최되었다.

2003년 1월 18일에는 도쿄 히비야 공원에 7,000여 명이, 2월 15일에는 시부야에 5,000여 명, 3월 8일에는 히비야 공원에 4만여 명, 3월 21일에는 시바 공원에 5만여 명, 4월 5일에는 요요기 공원에 1만 8,000여 명, 4월 19일에는 요요기 공원에 1만여 명이 집결해서 대규모 집단행동을 벌였다.

한편 "월드 피스 나우"가 주최하는 온건한 집회 스타일이 성에 차지 않던 젊은이들은 "ASCAgainst Street Control"라는 독자적인 단체를 출범시키고, 시부야를 중심으로 전개되는 젊은이의 거리 문화를 반영한 독자적인 스타일의 데모를 고안하기에 이른다. "사운드 데모"가 바로 그것이다. 평화 행진과 평화 집회와 같은 느슨한 방식과는 전혀 다른, 엄청난 음량을 자랑하는 음향 시스템과 펑크와 힙합 계열 노래, 테크노와 하우스 계열의 사운드를 뿜내며 야외에서 미친 듯이 춤을 추는 레이브 파티rave party 스타일의 저항 행동이 전면적으로 시도되었다.

2003년 5월 10일에는 처음으로 "STREET RAVE AGAINST WAR"가 도쿄 시부야에서 개최되었다. ASC가 시부야에서 개최하는 사운드 데모는 5월 30일, 7월 19일 등 이후에도 계속되었다. 그러자 이 스타일을 활용한 독자적인 데모가 8월 3일에는 오사카, 10월 19일에는 교토에서도 개최되었고, 이후 나고야, 마쓰모토, 후쿠오카, 센다이, 삿포로 등으로 확산되어 고유의 스타일을 확립했다.

사운드 데모는 이라크 전쟁에 반대하는 세계적인 흐름 속에서 출현했기 때문에 처음에는 반전의 메시지를 담는 경우가 많았지만, 비정규직 노동자 문제가 표면화한 2000년대 후반부터는 고용 문제, 격차 문제에 대한 데모로 전개되었다. 그중에서도 특히 2007년 이후 매년 개최되는 "자유와 생존의 메이데이自由と生存のメーデー"는 정규직 사원들의 입장에서 조직되던 기존 노동절 집회와는 달리, 아르바이트생이나 파견직 노동자, 특히 청년 비정규직 노동자들의 입장을 대변하는 집회로서 사운드 데모 스타일을 명확히 드러냈다.

이렇게 사운드 데모의 중심 메시지가 반전에서 반격차로 이동하는 가운데, 도로 해방, 교육기본법 개정 반대, 수입 음반 규제 반대 등 그때그때의 사회적 상황을 반영한 다양한 데모가 다수 등장했다. 그런 흐름 속에 출현한 활동가 단체가 바로 "시로토노 란"이었다. "PSE

법 반대 데모", "자전거를 돌려줘 데모", "월세를 공짜로 하라 데모" 등의 사운드 데모를 성공적으로 주최해온 그들이 2011년 대지진을 계기로 등장한 반원전 데모에 합류함으로써 축제형 데모 스타일을 확산하는 데에 큰 몫을 한 것이다.

알랭 투렌Alain Touraine은 1960년대에서 1970년대의 사회운동을 "새로운 사회운동"으로 정의하면서, 그 이전의 "오래된 사회운동"과 구별한 바 있다. 1990년대 후반 이후 세계 곳곳에서 등장한 새로운 형태의 행동주의는 "새로운 사회운동"보다도 한 걸음 더 나아갔다는 의미에서 "더 새로운 사회운동"이라고 불러야 하지 않을까. 축제형 데모와 점령 데모는 "더 새로운 사회운동"이 체현된 결과라고 할 수 있다.

제2부
데모의 미디어

촬영: 김경화

2013년 12월 1일 핀란드 헬싱키 중심가에서 교육예산 삭감 반대를 주장하는 데모대

제5장
부활, 혹은 진화하는 대자보
데모 속 미디어의 계보

김경화

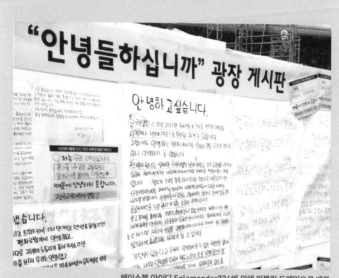

페이스북 아이디 Salamander724에 의해 퍼블릭 도메인으로 배포

2013년 대학 캠퍼스에 출현한 "안녕들 하십니까" 손글씨 대자보가
소셜미디어에서 반향을 일으키며 릴레이 대자보 운동으로 번졌다.

한국은 데모 선진국일까?

군사정권 시절 한국에서 데모는 말 그대로 "일상다반사"였다. 주중, 주말을 가릴 것 없이 도심에서는 데모가 끊이지 않았고, 길을 걷다가 데모대에게 발포된 최루탄의 매캐한 냄새와 조우하는 것도 흔했다. 그때를 돌이키자면 한국은 이미 오래전부터 데모가 일상다반사인 "사회운동 사회"였던 것이 아닐까 하는 생각마저 든다.

이전 장에서 몇 번 등장했던 "사회운동 사회"란, 데모대가 도심 여기저기에서 출현해 구호를 외치거나 행진하는 사태가 특별하지도 이상하지도 않은 상태, 다시 말하자면 도시 어디에선가 일상적으로 데모가 진행 중인 사회를 말한다. 데모가 자주 벌어진다는 것이 이상적인 사회의 조건은 아닐 것이다. 하지만 다른 한편으로는 사회참여 의식이 높은 시민이 많이 존재한다는 뜻도 되니까, 사회 문제를 민주적으로 해결하는 전제 조건이 마련되어 있다는 의미이기도 하다. 자발적으로 나서서 문제를 공론화하는 시민이 있다는 것 자체는 바람직한 상황이라고도 할 수 있다.

한국에서 데모가 일상다반사였던 80년대는 군사정권의 서슬이 퍼렇던 시절이었다. 민주화에 대한 국민들의 열망은 높았지만 이를 실현할 가능성은 요원해 보였다. 정치권과 재야 시민 사회로부터 대통령 간선제에 대한 불신과 개선 요청이 끊이지 않았지만 군사정권은 귀를 기울이지 않았다. 그런 와중에 데모는 시민의 의견을 공적으로 표출하는 단 하나의 방법이었다.

이 시절의 한국은 대의 민주주의를 보완 수단으로 자발적 데모가 만연한 "사회운동 사회"이기는커녕, 전제 조건인 민주주의조차 제대로 서지 못한 상태였다. 민주주의를 보완하는 수단으로서 데모를 실천한 것이 아니라, 민주주의를 제대로 세울 것을 요구하는 유일한 수단으로서 데모가 있었던 것이다.

1987년 6월항쟁을 거쳐 대통령 직선제가 도입되면서 국민 모두가 참여해 정당하게 권력을 세우는 제도가 성립했다. 민주주의의 형식적 조건이 갖추어지고 이에 대한 사회적 신뢰가 비로소 갖추어진 것이다. 말하자면 한국에서는 1990년대에 들어선 뒤에야 사회운동 사회의 기본 조건이 만들어졌다고 해야 마땅하다.

전 세계 38개 나라에서 각각 1,000여 명 이상의 대규모 패널을 대상으로 동일한 문제에 대한 인식을 조사하는 국제사회조사 International Social Survey Programme (이하 ISSP)는, 한국인의 인식이 사회운동 사회에 걸맞은 시민 의식과는 동떨어져 있다는 결과를 보여준다.

2004년 ISSP의 시민 의식에 대한 국제 비교 조사에 따르면, "데모에 참가한 적이 있다."라고 답한 한국인의 비율은 18.6퍼센트에 불과했다. 26.7퍼센트가 "참가한 적은 없지만, 언젠가 참가할지도 모른다."라고 답한 반면, 54.8퍼센트가 "참가한 적도 없고 앞으로도 참가할 의사가 없다."라고 답했다. 아시아 지역의 다른 나라, 예컨대 일본(8.3퍼센트)이나 대만(7.7퍼센트)에 비하면 높은 수치이지만, 프랑스(55.3퍼센트), 스페인(55.0퍼센트)과의 차이는 두 배 이상, 러시아(25.0퍼센트)보다도 적은 수치가 나왔다. 데모 참가 의지에 대해 38개국 순위에서도 한국은 27위로 하위에 머물렀다. 데모로 정치를 진보시켜 온 한국 역사를 생각하면 의외의 결과이다. 10년 뒤에 실시된 2014년 조사 결과에서는 데모 참여 의사가 더 줄었다. "데모에 참가한 적이 있다."는 비율은 13.9퍼센트에 불과했고, 58.7퍼센트가 "데모에 참가할 의사가 없다."라고 답했다.

ISSP가 2006년에 조사한 데모에 대한 관용도에 대한 설문 결과 역시 비슷하다. 한국은 36.7퍼센트가 "데모를 관용하지 않는다."라고 응답했다. 데모를 관용하지 않는다는 답변을 데모에 대한 부정적인 인식으로 해석한다면 데모에 대한 인식은 38개국 중 최하위권이다. 한국보다 데모에 대한 인식이 부정적인 나라는 대만, 베네수엘라, 필리핀 등 4개국뿐이었다. 스웨덴(5.6퍼센트), 덴마크(8.3퍼센트), 스페인(11.4퍼센트), 프랑스(21.5퍼센트) 등에 비해도, 데모 경험자 비율이 한국보다 훨씬 적은 일본(20.5퍼센트)보다도 인식이 나쁘다.

한국은 오랫동안 정치적인 혼란을 겪기는 했지만, 민주주의에 대한 시민의 열망과 참여 의식이 높기로 정평이 나 있다. "시민 저널리즘"의 비즈니스 모델을 구축한 사례로 세계적으로도 잘 알려진 오마이뉴스의 창업자 오연호는 한국 사회에서는 오랜 민주화 투쟁을 거쳐 "준비된 시민"이 부상했다고 지론을 펴기도 했다. ISSP의 조사 결과는 이와 상반된 사실을 이야기한다. 실은 한국 시민이 다른 사회에 비해 데모에 대한 참여 의지가 높지 않으며, 다른 사람의 데모 행위에 대해서도 부정적으로 평가한다는 것이다.

　"데모 선진국"이라고 불려도 손색없을 정도로 한국에서는 대규모 데모가 많았고, 실제로 이런 시민들의 자발적인 참여야말로 민주화를 이룩한 힘이었다. 시민의 자발성, 적극성이라는 측면에서는 사회운동 사회에 근접한 듯이 보였다. 하지만 사회운동 사회는 단순히 데모가 자주 일어나는 사회가 아니라 실천적 집단행동을 통해 대의 민주주의의 한계를 보완하는 사회를 뜻한다. 시민의 적극성만으로 될 일이 아니라, 다양한 목소리를 경청하는 사회적 분위기는 물론이요, 이를 진지하게 공론화하는 성숙한 제도가 필요하다. 적어도 ISSP 조사 결과는 한국 사회가 아직 이런 조건을 완벽하게 갖추지 못했다는 것을 보여준다. 이 조사는 물론 2017년 촛불집회 이전에 이루어졌다. 그때보다 많은 사람들이 데모를 경험한 지금 동일한 조사를 다시 실시한다면, 결과는 전혀 다른 양상을 보일지도 모른다는 점은 짚어두자.

"안녕들 하십니까?", 손글씨 대자보의 부활

2013년 12월 10일, 고려대학교 서울 캠퍼스에 힘찬 손글씨로 쓰인 벽보가 한 장 나붙었다. 90년대 이전의 대학가에서는 흔했던 손글씨 대자보가 대학가에 등장한 것은 십수 년 만의 일이었다. "안녕들 하십니까?"라는 실문으로 시작하는 이 대자보에는 이런 글이 담겨 있었다.

어제 불과 하루 만의 파업으로 수천 명의 노동자가 일자리를 잃었습니다. 다른 요구도 아닌 철도 민영화에 반대한 이유만으로 4,213명이 직위 해제된 것입니다. 박근혜 대통령 본인이 사회적 합의 없이는 추진하지 않겠다던 그 민영화에 반대했다는 구실로 징계라니! 과거 전태일이란 청년이 스스로 몸에 불을 놓아 치켜들었던 "노동법"에도 "파업권"이 없어질지!! 모르겠습니다. 정부와 자본에 저항한 파업은 모두 불법이라 규정되니까요! 수차례 불거진 부정선거 의혹, 국가기관의 선거 개입이란 초유의 사태에도, 대통령의 탄핵 소추권을 가진 국회의 국회의원이 사퇴하라 말 한마디 한 죄로 제명이 운운되는 지금이 과연 21세기가 맞는지 의문입니다. 시골 마을에는 고압 송전탑이 들어서 주인이 음독자살을 하고, 자본과 경영진의 "먹튀"에 저항한 죄로 해고 노동자에게 수십억의 벌금과 징역이 떨어지고, 안정된 일자리를 달라 하니 불확실하기 짝이 없는 비정규직을 내놓은 하 수상한 시절에, 어찌 모두들 안녕하신지 모르겠습니다!!!!
　88만원 세대라 일컬어지는 우리를 두고 세상은 가난도 모르

고 자란 풍족한 세대, 정치도, 경제도, 세상 물정도 모르는 세대
라고들 합니다. 하지만 97~98년 IMF 이후 영문도 모른 채 맞벌
이로 빈 집을 지키고, 매 수능을 전후하여 자살하는 적잖은 학
생들에 대해 친숙하길, 무관심하길 강요받은 것이 우리 세대 아
니었나요? 우리는 정치와 경제에 무관심한 것도, 모르는 것도 아
닙니다. 단지 단 한 번이라도 그것들에 대해 스스로 고민하고 목
소리 내길 종용받지도 허락받지도 않았기에!! 그렇게 살아도 별
탈 없으리라 믿어온 것뿐입니다. 그런데 이제는 그럴 수조차 없
게 됐습니다. 앞서 말한 그 세상이 내가 사는 곳이기 때문입니
다. 저는 다만 묻고 싶습니다. 안녕하시냐고요. 별 탈 없이 살고
계시냐고, 남의 일이라 외면해도 문제없으신가! 혹 정치적 무관
심이란 자기 합리화 뒤로 물러나 계신 건 아닌지 여쭐 뿐입니다.
만일 안녕하지 못한다면 소리쳐 외치지 않을 수 없을 겁니다. 그
것이 무슨 내용이든지 말입니다. 그래서 마지막으로 묻고 싶습
니다! 모두 안녕들 하십니까!

경영 08 현우

이 학교 경영학과 학생 주현우가 쓴 대자보였다. 한 신문의 인터뷰에
따르면 주 씨는 "경쟁을 자연스럽게 받아들이고, 주류에 편입하기 위
해 정치적 발언을 할 여유도 없는 우리 세대"에 대한 답답한 마음에 대

자보를 썼다고 했다(2013년 12월 15일《한겨레신문》6면 2단 기사 "첫 대자보 붙인 주현우 씨 '반응 이렇게 뜨거울 줄…'"). 신문 기사의 제목이 된 본인 말처럼 이 대자보는 예상을 뛰어넘는 큰 반향을 불러일으켰다. 그 놀라운 흐름이 시작된 장소는 이 대학 캠퍼스가 아니라, 소셜미디어를 필두로 한 온라인 공간이었다.

대자보를 읽은 한 학생이 이를 휴대폰으로 사진 찍어 페이스북에 올렸고, 이 이미지가 소셜미디어의 "공유하기"를 통해 확산되었다. "안녕들 하십니까"라는 대자보의 질문에 화답하는 글과 이미지가 소셜미디어에 확산되기 시작했다. 반응은 대자보의 공유에서 멈추지 않고, "안녕들 하십니까"라는 머리말로 새로운 문제를 제기하는 게시글이 속속 출현하기 시작했다. 소셜미디어가 사이버 대자보로 들끓기 시작한 것이다.

사이버 대자보의 열기에 매스미디어도 관심을 가져 "소셜미디어에서 부활한 대자보"라는 제목의 기사가 속속 등장했다. 이번에는 사회적 주목에 힘입어 각 대학 캠퍼스에 새로운 대자보가 출현했다. 그리고 그 이미지는 어김없이 소셜미디어로 복제되었다. 오프라인과 온라인을 불문하고 여기저기에서 "안녕들 하십니까" 대자보가 출현하는 사태가 벌어진 것이다. 한 대학교 캠퍼스에서 시작된 작은 불씨가 소셜미디어에서 순식간에 큰불로 번진 뒤, 온 나라를 떠들썩하게 한 릴레이 대자보 운동으로 확산되었다. 2013년 겨울, 오프라인과 온라인을 동시에 들끓게 했던 하이브리드 시위 "안녕들 하십 니까" 대자보 릴레이이다.

대자보는 역사 속의 한물간 소품이었다. 1980년대에는 대학 캠퍼 스를 휩쓸었지만, 1990년대 후반에 들어서 운동권의 기세가 꺾이면 서 내걸리는 대자보의 개수는 급격히 줄었고 호응은 식은 지 오래였 다. 그러던 와중에 한 대학 캠퍼스에 깜짝 출현한 대자보가 소셜미디 어에서 놀라운 연쇄반응을 일으키며 거대한 "운동"을 만들어냈다. 삼국지에는 죽은 제갈량이 산 사마천을 쫓아낸 일화도 있지만, 대자 보의 부활 역시 유령이 솜씨를 부린 듯 순식간에 일어난 일이었다.

2010년을 전후해서 세계 곳곳에서는 새로운 스타일의 집단행동 이 붐을 일으키고 있었다. 중동 지역에 변화의 바람을 몰고 온 "아랍 의 봄"을 시작으로, 스페인의 "인디그나도스 운동", 미국의 "월스트 리트를 점령하라" 등 축제적 분위기와 소셜미디어, 점령 스타일로 재무장한 데모가 시민운동의 새로운 장을 열고 있었다. 하지만 같은 시기, 한국 시민 사회는 무기력과 절망에 빠져 있었다. 도심에서 벌이 는 대규모 데모는 자취를 감춘 지 오래였다.

앞 장에서도 소개한 2008년의 촛불 시위는 축제적 분위기라는 면 에서는 선도적이었지만 정치적 성과라는 측면에서는 실패한 데모였 다. 한미 FTA에 대한 의지가 확고했던 이명박 정권은 미국산 쇠고 기 수입 규제 완화를 비판하는 목소리를 거짓 정보에 근거한 "좌파의 선동"으로 못 박고, 물리적 진압 작전에 들어갔다. 공권력과 데모 대의 물리적 충돌은 시간문제였다. 무장한 공권력과 쇠파이프와 화염병을 든 데모대가 맞서는 폭력 사태가 벌어졌다. 2008년 4월부터 100여 일 동안 계속된 촛불 시위는 도심 한가운데에 수십 대의 컨테이너로 시위 진압용 바리케이드를 만들어 광장을 막아선 해산 작전에 힘을 잃었다.

실패한 데모의 대가는 뼈아팠다. 이후 몇 년 동안 한국 시민 사회는 내상에 시달렸다. 데모로는 사회가 변하지 않으리라는 무력감이 팽배했다. 군중이 대규모로 집결한 정치 집회는 급격히 줄었고, 방어적인 점거나 단식 농성, 1인 시위 등 무기력한 소규모 항의가 간간이 있을 뿐이었다. 빈부 격차와 극심한 경쟁이 나날이 심화되는 가운데, 한국 사회는 그 어느 지역보다도 고통스러운 방식으로 세계주의와 자본주의의 모순을 체감하고 있었다. 세계 각지에서는 점거 행동과 축제라는 새로운 스타일의 데모가 꽃피고 있을 즈음, 한국 사회는 2008년 촛불 시위가 흐지부지되었다는 무기력과 삶을 짓누르는 현실에 대한 절망감에, 문제를 제기할 힘조차 내지 못하고 있었다.

이런 상황에서 "안녕들 하십니까" 대자보가 깜짝 등장한 것이다. 마치 정신이라도 번쩍 든 것처럼 시민들은 의견을 입 밖으로 내기 시작했다. 무기력한 시민 사회가 다시 움직이기 시작한 것이다. 첫 대자보가 제기한 노동문제뿐 아니라, 후퇴하는 언론과 표현의 자유에 대한 우려, 신자본주의 논리로 점령당한 기업 문화, 사이버 공간의 검열 문제 등 그동안 억눌려왔던 다양한 사회 문제에 대한 지적과 비판이 꼬리를 물고 터져 나왔다. 대학 캠퍼스에 내걸린 종이 한 장이, 취업 경쟁의 무대로 전락한 대학 사회는 물론이요, 자기 연민에 빠진 시민 사회, 더 나아가 한국 전체를 뒤흔든 물결로 번진 것이다.

사이버 공간의 점령 데모

2012년 전 세계를 떠들썩하게 한 "어큐파이 운동"은 공원이나 광장을 점거하는 행위를 중심으로 하되, 물리적 전선을 보좌하고 지탱하기 위해 온라인 커뮤니케이션을 적극 활용했다. 소셜미디어나 웹사이트를 활용해 데모를 기획하고 참가자를 모았다. 그래도 뭐니 뭐니 해도 실천의 가장 중요한 축은 시민들이 공적인 공간에 자신의 몸을 갖다 놓는 "점거" 행위였다.

이에 비해 "안녕들 하십니까" 운동은 물리적 공간이 아니라 사이버 공간이 중심이었다. 대학 캠퍼스에 등장한 첫 대자보는 페이스북으로 업로드된 뒤 "공유하기"를 통해 지인의 타임라인으로 복제되었고, 이에 답글을 달거나 "좋아요" 버튼을 누르는 응원을 타고 또 다른 지인의 네트워크로 확산되었다. 눈 깜짝할 사이에 지극히 사적, 일상적이던 소통 공간 속으로 공적, 정치적 주장이 파고든 것이다. 지인의 콘텐츠가 자동으로 타임라인에 출현하는 소셜미디어의 서비스 방식이 큰 역할을 한 것이다.

소셜미디어는 친근함을 바탕으로 하는 정보 플랫폼이기도 하다. 지인의 네트워크를 통해 공유된 콘텐츠는 신뢰할 수 있다. 그저 대학 캠퍼스에 내걸린 대자보라면 읽지 않고 지나쳤을 수도 있지만, 지인의 공유를 거쳐 타임라인에 출현한 사이버 벽보는 일독할 만한 가치가 있는 것이다.

뭐니 뭐니 해도 하이라이트는 "안녕들 하십니까"라는 냉소적인 질문에 응답하거나 재차 질문을 던지는 방식으로 써 내려간 릴레이 게시물이었다. 첫 대자보처럼 진지하게 쓴 장문도 있었고, 정치적 구호처럼 짧게 갈겨쓴 글도 있었다. 소재는 다양했지만 모두 "안녕들 하십니까"라는 질문을 되풀이했고 내용 역시 첫 대자보와 공명했다. 손글씨로 쓴 첫 대자보가 인상적이었던 듯, 사이버 공간에도 그 스타일을 고수하는 게시물이 많았다. 게시판에 글을 쓰는 것이 아니라, 종이나 화이트보드에 손글씨로 주장을 쓰고 이를 디지털 이미지로 공유하는 방식을 취한 것이다.

이런 게시물들은 "안녕들 하십니까"라는 질문으로 시작하는 방식에서나, 손글씨를 고수하는 형식에서도 "리믹스"된 창작물이라고 할 만했다. 리믹스란 원재료인 사진이나 그림, 음원 등에 패러디나 풍자, 유머 등 새로운 의미를 덧씌워 다른 느낌의 콘텐츠로 재창조하는 행위를 뜻한다. 콘텐츠의 복제와 유포에 드는 비용과 노력이 현저하게 적은 온라인 공간의 트레이드마크와도 같은 창작 문화이다.

리믹스는 대상과 유사한 이미지나 콘텐츠를 다량으로 만들어내는 사이버 공간의 집단 실천이기도 하다. 예를 들어, 인터넷 게시판에서 "도배"라 불리는 행위가 있다. 원래는 종이 등을 발라 벽을 단정하게 단장하는 것을 뜻하지만, 인터넷에서는 게시판을 특정 게시물로 가득 채워버리는 행위를 의미한다.

도배 행위는 인터넷 게시판에 대량의 게시물을 출현시킴으로써 세력의 양적 우월함을 과시하는 한편, 다른 게시물이 주목받을 기회를 없앤다. 사이버 공간에서 주체의 존재감을 드러내는 일종의 시위 행동이다. 무엇이든 복제 가능한 인터넷 공간의 특성상 "집단행동"이라고 정의하는 것은 어폐가 있을지 모르지만, 동일하거나 유사한 게시물을 다량으로 출현시킴으로써 결과적으로는 집단행동과 비슷한 존재감을 만들어낸다. 물리적 공간에 점령 행위가 있다면, 사이버 공간에는 도배 행위가 있는 것이다.

대자보 리믹스는 "안녕들 하십니까"로 시작되는 손글씨 대자보를 소셜미디어에 대량으로 출현시킨 일종의 도배 행위였다. 한국의 사이버 공간 전체를 공적, 정치적 메시지로 점령하는 효과를 낳았다. 전 세계에서 전개된 "어큐파이 운동"이 공생과 협력을 꾀하는 물리적 점령 행동이었다면, "안녕들 하십니까" 운동은 공유의 가치를 추구하는 사이버 점령 행동이었다.

"안녕들 하십니까" 운동은 창작 스타일이라는 측면에서는, 낡은 사진첩 속에서 끄집어낸 듯한 손글씨 스타일에 집요하게 초점을 맞추고 있었다. 컴퓨터 프로그램으로 작성한 단정하고 획일적인 글씨체가 아니라, 개성과 감정이 그대로 드러난 인간 냄새를 풍기는 손글씨야말로 "안녕들 하십니까" 운동의 문화적 정체성이었다. 소셜미디어의 게시물 릴레이는 거꾸로 대학가에 대자보를 부활시키는 계기가 되었는데, 이때에 손글씨 스타일도 보기 좋게 복귀했다.

어떻게 보면, 대자보가 부활했다는 표현에는 어폐가 있다. 대자보 자체가 대학 캠퍼스에서 완전히 사라진 적은 없었다. 손글씨로 쓴 벽보 형태로 옛날 캠퍼스 건물을 뒤덮었던 대자보는 1990년대 말부터 컴퓨터와 워드프로세서, 대형 프린터로 제작된 단정하고 읽기 쉬운 활자 대자보로 "진보"했지만, 이에 대한 대중의 반응은 차가웠다.

활자 대자보가 등장한 1990년대 말은 한국 사회의 중심 이슈가 민주화에서 경제 문제로 옮겨가는 시기였다. 이를 말해주는 상징적인 사건이 소위 "IMF 사태"이다. 금융 시스템이 일제히 붕괴되고 실물경제가 휘청이는 위기 속에서 한국 사회는 표면적으로나마 해결된 듯이 보이는 정치적 과제는 뒤로 미룬 채, 경제 재건에 사활을 걸었다. 군사정권 시절의 적폐를 돌아볼 여유도 없이 자본주의적 가치에 근거한 효율주의와 성과주의가 최우선적인 가치로 대두되었다. 시민운동은 급격히 위축되었고, 대규모 정치 집회와 데모는 자취를 감추었다. 대학 캠퍼스에 대자보가 빼곡히 붙은 풍경이 사라진 것도 이즈음이다.

활자 대자보에 대한 냉담한 반응은 활자에 대한 거부감이라기보다는 시민운동 세력이 힘을 잃어가던 시대의 필연적인 결과였다고 해야 할지 모른다. 그런데 과연 그뿐이었을까? "안녕들 하십니까" 운동을 통해 개성과 인간미 넘치는 손글씨 스타일이 보기 좋게 부활한 것을 생각하자면, 손글씨가 활자로 "진보"하는 과정 속에서 시민운동이 사람의 마음을 움직이는 어떤 종류의 감성을 잠시 잊었던 것은 아닐까 되묻게 된다.

제1세대 데모와 제2세대 데모

"안녕들 하십니까" 사이버 릴레이는 이전의 데모와는 전혀 다른 방식의 집단행동의 막을 열었다. 물리적 장소 대신 가상공간을 점거하고, 인터넷 문화인 리믹스를 정치적 표현 수단으로 전용했으며, 역사 속으로 사라졌던 손글씨 감성을 소환했다는 것도 무시할 수는 없다. 하지만 그밖에도 이 데모는 이전과 구분되는 특징을 지녔다.

우선 독재정권 퇴진과 같이 유일한 목표 의식 아래 수직적으로 조직된 집단행동이 아니었다. 사회적 정체성 측면에서는 뚜렷한 구심점이 없는 개인들이 동시다발적, 집합적으로 움직였다. 필연적으로 이 과정에서 제기된 문제는 다양하고 폭넓었다. 또한 전통적인 데모

왼쪽   1990년 11월 고려대 교정에서 대자보를 읽는 학생들
      (촬영: 사진작가 박용수, 제공: 민주화운동기념사업회)

오른쪽   2009년 5월 서울대 교정에 나붙은 활자 대자보(촬영: 김경화)

가 거리 등 공적인 장소로 나아가 정치적 의견을 밝히는 데 비해, "안녕들 하십니까" 사이버 릴레이는 개인적이고 사적인 소셜미디어 공간에서 야단법석을 떠는 방식이었다. 이 역시 과거와는 뚜렷이 다른 방향성이다.

한국 사회는 데모를 통해 진보해왔다. 하지만 그것이 데모를 통해 정치적인 의견과 주장이 다양하게 제기되고 활발하게 공론화되는 선순환이 정착되었다는 뜻은 아니다. 이 때문에 데모가 일상다반사인 상황 속에서도 사회운동 사회가 도래했다고 보기는 어려운 것이다. 단일한 목표를 향해 수직적으로 조직되는 목적 지향적 데모는 사회운동 사회가 지향하는 다양성과 일상 속의 실천이라는 가치와 어울리지 않기 때문이다.

1980년대 한국 사회의 데모는 독재정권과 싸우는 유일한 수단이었다. 군사정권 종식과 민주화라는 목적 아래 시민들은 똘똘 뭉쳐 투쟁했다. 이에 비해 "안녕들 하십니까" 릴레이 데모는 다양한 개인이 다양한 이슈를 동시다발적으로 제기하는 양상이었다. 현 사회에 대한 비판과 불만이 느슨한 연대를 가능케 한 것은 사실이지만, 집단적으로 행동을 조직하는 컨트롤 타워가 없었고, 설혹 있었다 하더라도 이 자발적인 리믹스 실천을 통제하는 것은 사실상 불가능했을 것이다. 데모의 조직 양식과 메시지의 양상이 다르다는 점에서 전자와 후자를 구분할 필요가 있다. 편의적 구분을 위해 1980년대를 전성기로 하는 중앙집권적 데모를 "제1세대 데모", 2013년 "안녕들 하십니까" 릴레이를 기점으로 터져 나온 지방분권적 데모를 "제2세대 데모"라고 부르자.

제1세대 데모는 독재정권에 반대한다는 뚜렷한 목적의식이 있었다. 구체적으로 언제, 어디에서, 무엇에 대해, 어떤 방법으로 데모를 수행할 것인지 등을 모두 지도부에서 결정했다. 지도부는 데모의 목적의식과 사상적 방향성에 대해서도 고민했다. 민주화에 동의하는 시민들은 지도부의 리더십을 믿고 따랐지만, 사상적 방향성이라는 측면에서는 활동가들과 시민 사이에 인식의 차이가 존재했다. 독재정권 타도라는 목표 아래 똘똘 뭉치는 저력이 있었지만, 배후에는 일상의 삶과는 괴리된 사상적 신념과 계몽주의가 도사리고 있었고, 그런 점에서 보자면 권위주의와 완전히 결별한 것은 아니었다.

이에 비해, 제2세대 데모는 하나의 목적의식보다는 분산되고 다양한 문제의식을 바탕으로 실천된다. 투쟁해서 특정 대상을 무너뜨리는 것보다는, 다양한 사회 문제를 공론화하고 해결 방법을 찾는 것이 지향점이다. 다수가 지지하는 합법적인 정권이라고 만능은 아니다. 모든 사회는 모순을 안고 있고 필연적으로 어떤 이슈는 불완전한 방식으로밖에 해소되지 않는다. 미해결된 문제의 부담은 대부분 사회적 약자가 짊어지게 되므로, 실제로 사회가 안고 있는 많은 문제는 소수자와 약자와 관련한 것이다. 제2세대 데모는 사회의 다양한 개인과 계층의 목소리를 전달하고, 동시에 구석구석에 숨어 있는 모순과 약자의 문제를 가시화한다.

때문에 제2세대 데모에서는 추상적인 사상보다는 구체적인 사안에 통달하고 해결 방법을 모색하는 전문성이 더 중요하다. 지도부와 활동가의 역할은 민중을 계몽하는 데 있는 것이 아니라, 시민의 문제를 적절한 방식으로 공론화하고 대안을 찾기 위해 조사하고 연구하는 데에 있다. "지도부를 따르라"는 식의 상명하복식 지시보다는, 전문성에 기반을 둔 설득을 통해 참가자의 자발적 실천을 이끌어내고 행동을 조직한다. 이전과 같은 대규모 데모로 발전될 가능성은 적지만, 참가하는 한 사람 한 사람의 주체적 의식은 훨씬 높다.

사회운동 사회에 어울리는 것은 역시 제2세대 데모이다. 이 장의 처음에서 소개한 ISSP 조사 결과에서 예상을 뒤엎고 한국인의 데모에 대한 허용도, 관용도가 높지 않게 나타났다. 아마도 제1세대의 투쟁적 데모를 경험한 기억이 영향을 미쳤을 가능성이 크지 않을까? 민주화 이전의 격렬한 투쟁이야말로 데모라는 이미지가 강하게 박혀 있다면, 민주화가 실현된 지금 그런 격렬한 투쟁을 또 해야 하는 이유를 납득하기 어렵다.

하지만 군사정권이 끝나고 민주화가 되었다고 사회의 문제가 모두 해결되는 것은 아니다. 투표권을 행사한 뒤, 좋은 사회가 저절로 오기를 기다리면 되는 것이 아니라, 끊임없이 문제를 제기하고 더 좋은 해결책을 찾는 데 참가해야 한다. 민주주의 사회에서는 "태평성대에는 왕이 누군지 모른다."라는 중국의 고사는 틀린 말이다. 오히려 "모두의 책임은 누구의 책임도 아니게 된다."라는 경구를 마음에 새길 필요가 있다.

"안녕들 하십니까" 릴레이는 한국 사회에서 사이버 공간이야말로 제2세대 데모의 무대가 될 수 있다는 점을 훌륭하게 보여주었다. 굳이 거리로 나가지 않아도 리믹스 실천을 통해 점령 데모를 벌였고, 실제로 큰 사회적 이슈를 만들어냈다. 2013년이야말로 사이버 공간의 점령 행위를 통해 제2세대 데모가 막을 연 한 해, 한국에 사회운동 사회가 본격적으로 도래한 원년이다.

저항 미디어의 역사, 대자보

고립된 개인이 서로 연대하기 위해서는 서로를 묶어줄 수 있는 축이 필요하다. 18세기 프랑스혁명 당시에는 언변이 뛰어난 사상가의 연설, 저널리스트와 인쇄 공장이 협업해서 부지런히 찍어대던 정치 팸플릿이 민중의 구심이었다. 20세기에 들어서는 사회의 공론장 역할을 자처했던 저널리즘이 역할을 했다. 신문이나 방송이 직접 데모를 조직하는 것은 아니지만, 보도를 통해 데모의 필요성을 집합적으로 공지하며, 사회 문제를 공론화한다(촛불집회의 직접적 계기가 된 JTBC의 비선 실세 태블릿PC 보도가 전형적 사례이다). 인터넷이 등장한 이후에는 온라인 게시판이나 소셜미디어, 채팅툴 등 네트워크 미디어가 데모 현장의 눈이자 입, 때로는 조직의 중심축이었다. 즉, 미디어 없이 데모는 성립하지 않는다.

2013년 소셜미디어에서 대자보가 부활한 사건은 데모와 미디어의 관계라는 측면에서 여러모로 의미심장하다. 한국에서 대자보는 군사 독재정권과 맞서 싸우는 최전선 데모 현장에서 활약한 미디어였기 때문이다. 언론에 대한 탄압과 검열이 자행되던 군사 독재정권 시절, 기존 언론이 정권을 비판하고 독재에 반대하는 시민의 목소리를 성실하게 전달했다고 보기에는 부족함이 크다. 모든 언론이 그랬던 것은 아니지만, 정권에 협조하거나 오히려 시민의 반대편에 서는 언론도 없지 않았다.

이런 "제도 언론"에 대한 불신 속에서 싹튼 풀뿌리 미디어가 대자보였다. 그 모습은 소박하다기보다 초라했으며, 집회나 데모 현장에 출현해도 얼마 안 있어 갈갈이 찢겨 자취를 감추었다. 어쩌면 그 보잘것없음 덕분에 군사정권에 길들지 않는 유일한 저항 미디어로 남을 수 있었는지도 모른다.

원래 벽보는 공산주의자들이 이념적 선전, 선동의 수단으로 활용하던 정치적 도구였다. 볼셰비키 혁명 이후 구소련에서 새로운 체제에 대한 선전과 토론을 위해 벽보가 적극적으로 활용되었으며 그 전통은 공산권 국가에 그대로 계승되었다. 한반도 역사 속에서 보자면, 벽보는 일본 식민지 시대 독립운동가들의 투쟁의 도구이자, 식민 정권의 눈을 피해 조선의 서민들에게 정보를 전달하는 수단이기도 했다. 해방 직후 이념 대립이 격화되던 시기에는 좌우 진영 모두 이념 선전과 사상 투쟁의 도구로 벽보를 적극 활용했다는 기록이 있다.

정치투쟁에 활용되는 벽보를 "대자보"라고 부르게 된 것은 문화대혁명(1964~1976) 시기에 활발하게 이용된 중국의 정치적 벽보 "따찌바오大字報"의 영향이었다. 따찌바오를 처음 권장한 것은 마오쩌둥이었다. 그는 오랜 권력투쟁을 경험하면서 사람들의 생각에 영향을 미치는 선전전의 중요성을 누구보다 잘 알고 있었다. 1966년 따찌바오를 게시할 권리를 보장하는 내용의 개정 헌법이 공포되었는데, 여기에는 젊은 홍위병들이 따찌바오를 적극 활용케 해서 문화대혁명에 동조하는 인민을 늘리겠다는 마오쩌둥의 복심이 있었다. 실제로 수백만 건을 넘는 대량의 따찌바오가 문화대혁명의 우군을 확보하는 데 크게 기여했다. 하지만 시간이 흐르고 정세가 변하면서 점차 문화대혁명을 비판하는 목소리를 담은 따찌바오가 늘어났고, 마오쩌둥은 정치적으로 축출되기에 이른다. 그는 따찌바오로 권력을 잡고 따찌바오로 권력을 잃는 역사의 아이러니를 몸소 경험했다.

1980년대까지도 따찌바오는 중국 민중의 여론에 큰 영향을 미치는 중요한 미디어였다. 외국 언론도 따찌바오를 주목해서 유력한 벽보의 내용이 국제적 뉴스가 되는 경우도 적지 않았다. 한국 언론 보도에 따찌바오가 언급되는 것도 드물지 않았다.

이런 시대적 분위기를 생각하자면, 당시 민주화 운동을 주도하던 한국의 활동가들에게도 따찌바오는 낯선 존재가 아니었을 것이다. 좌파 사상을 현실 정치에 실현한다는 이념적 지향이라는 측면에서도 멀고 먼 유럽이나 소련의 사례보다 문화적으로 친밀한 중국 본토의 사례가 더 와닿기도 했을 터, 따찌바오는 한국의 학생운동에서도 활용되기 시작했다. 1980년 봄,《동아일보》에는 다음과 같은 기사가 실렸다.

> 지난 4월 2일 서울대 관악캠퍼스 인문사회관 2동 앞에 "자유 게시판"이 생기면서부터 시작된 이른바 "대자보 운동"은 그 후 연일 학내외 문제에 대한 학생들의 주장과 의견을 개진, 학생 사이의 여론 형성에 중요한 몫을 하고 있으나, 최근 일부 작성 주체를 알 수 없는 극렬한 내용까지 남발되고 있다. (후략).
>
> "學生여론을 主導大學街大字報"(1980. 5. 2.《동아일보》, 7.)

기사는 서울대학교 캠퍼스에 등장한 "최초의 대자보"를 소개하고 있는데, 정확한 팩트인지 확인할 길은 없다. 하지만 적어도 이 시기에 대자보가 대학가에 새로 등장한 풍경이었다는 점은 미루어 짐작해도 무리가 없을 듯하다. 얼마 지나지 않아 광주에서 5월 민주화 운동이 벌어지는데, 계엄령이 선포된 이 현장에서 대자보가 광주 시민들을 위한 유일한 정보원이었다고도 전해진다.

1980년대에서 1990년대 중반까지의 시기는 바야흐로 대자보의 전성기였다. 정치 집회가 빈번히 열렸던 대학 캠퍼스에는 늘 수많은 대자보가 나붙었고, 대학생들은 이를 통해 시국을 이해하고, 토론을 벌이거나 데모에 뛰어들었다.

수십 년 전에 불과한 가까운 과거이지만, 당시 대자보의 상황을 알려주는 자료나 기록은 대단히 드물다. "제도 언론"과 대립각을 세우고 있었던 만큼, 시대상을 기록하는 언론의 언급에서 의도적으로 배제되어 있었기 때문이기도 하지만, 굵은 펜으로 개인의 주장을 써 내려간 전지 한 장에 불과하다는 특징도 한몫했을 것이다. 벽에 게시되어 며칠 동안은 행인의 눈에 띄고 읽히지만, 쉽게 찢기고 곧 손상될 운명이었던 것이다. 지금이야 휴대폰으로 쉽게 사진을 찍지만, 집집마다 필름 카메라가 한 대 있을까 말까 하던 시절, 벽보의 사진을 굳이 찍을 여유도 이유도 없었다. 대자보는 아카이브와는 거리가 먼 일회용 미디어였다.

드물게 1980년대에 발표된 대자보에 관한 글이 있다. 염석종, 박정수, 이현준, 진은정의 공저로 1989년 성균관대학교 신문방송학과가 출간하는 학술 잡지에 실린 "대자보 문화의 민중성에 대한 연구 – 매체적 특징을 중심으로"라는 논문이다. 1989년이면 대학가에 대자보가 한창 게시되던 시절이다. 저자들은 대자보를 스스로 쓰거나, 적어도 읽은 경험이 있었음에 틀림없다. 필자도 그즈음에 대학에서 대자보를 경험했지만, 주관적 기억을 돌이킬 뿐 이를 객관적으로 검증할 방법은 없다. 그에 비해 이 논문은 그 당시에 출간되었다는 점만으로도 훌륭한 자료이다.

이 논문에 소개된 대자보의 특징은 다음과 같다. 첫째, 대자보는 구체적인 사실을 가장 소박하고 직접적으로 전달하는 설득 커뮤니케이션을 통해 대중에게 주는 선동 효과가 크다. 둘째, 대자보는 다른 매체와 상호 보완 관계에 있어서, 신문의 내용을 요약, 보도하기도 하고 혹은 다른 언론이 독단적인 주장을 펼칠 때에는 보완해주기도 한다. 셋째, 대자보는 필자와 독자가 분리되어 있지 않아, 누구라도 필자가 될 수 있다. 넷째, 종이 한 장과 펜만 있으면 쉽게 대자보를 쓸 수 있어 비용이 들지 않는다. 다섯째, 대자보는 정해진 형식이 없다. 누구나 자유롭게 쓰면 된다.

흥미롭게도 거론된 특징 중 많은 부분이 소셜미디어와 겹친다. 공적인 역할을 의식해서 딱딱한 문어 투를 쓸 수밖에 없는 언론과 비교하자면, 대자보도 소셜미디어도 구체적이고 친근한 어투를 선호한다. 누구나 필자가 될 수 있으며, 형식은 소박하고 자유롭다. 기존 언론에 대한 비판, 혹은 언론에 등장하지 않는 팩트를 제공하는 보완적 정보가 더 많은 관심을 받는다는 점도 비슷하다.

논문에서는 더 나아가 대자보가 "위로부터의 지시와 명령"과 함께 "아래로부티의 제안과 요구"를 상호 전달하는 역할을 한다고 쓰고 있다. 실제로 대자보는 쌍방향 토론이 가능한 미디어였다. 대자보가 나붙으면, 이튿날에 다른 의견을 가진 반박 대자보가 등장했고, 이에 다시 반박문이 붙거나 제삼의 대자보가 출현해 동의 혹은 반대 의견을 밝히는 식으로 벽보를 이용한 토론이 이어졌다. 인터넷 댓글처럼 찬성과 반대 의견을 즉각 표명할 수는 없었지만, 벽보를 매개로 여러 주체가 의견을 교환하고 토론하는 일은 흔한 일이었다. 인터넷 공간의 가장 큰 특징인 쌍방 소통 역시 원시적인 형태로나마 대자보에서 실천되었다.

대부분의 대자보가 집단이나 개인의 이름으로 제작, 게시되었지만, 개중에는 실명을 밝히지 않는 무기명도 있었다. 격렬한 비난이나 과격한 주장을 담은 무기명 대자보는 그리 좋은 평가를 받지 못했지만, 그렇다고 해서 무기명을 금지할 이유도 없었다. 이 역시 인터넷 공간의 발언과 비슷한 맥락에서 이해할 수 있다. 시민 한 사람 한 사람이 평등하게 발언할 수 있는 공론장의 조건, 익명성이 보장된 미디어였던 것이다.

부활, 혹은 진화하는 대자보

2009년 5월 23일, 노무현 전 대통령의 갑작스러운 서거는 시민들을 큰 충격에 빠뜨렸다. 정치 스캔들에 휘말렸을지언정, 서민의 대통령으로 큰 사랑을 받았던 그가 스스로 목숨을 끊었다는 사실에 시민들은 큰 슬픔에 빠졌고, 정권 교체 이후 분명치 않은 이유로 전직 대통령에게 가해지는 정치적 공격에 대해 혼란스러움과 분노를 느꼈다. 그의 죽음은 스스로 선택한 자살이라기보다는, 전직 대통령에 가해진 석연치 않은 정치 보복으로 인한 타살이라고 받아들이는 분위기가 팽배했다.

그를 애도하기 위해 전국에 설치된 분향소에는 조문을 위해 몇 시간이나 기다리기를 자처하는 방문자가 쇄도했는데, 동시에 분향소의 인근에는 대량의 벽보와 게시물이 출현했다.

많은 게시물이 노 전 대통령의 죽음을 추모하는 내용이었으나, 개중에는 석연치 않은 이유로 전직 대통령을 몰아붙이는 정치 보복을 자행한 정권에 대한 비판, 연일 무리한 보도로 전 정권에 대한 반감을 부추기던 언론에 대한 불만 등을 담은 것도 많았다. 노 전 대통령의 사진, 명복을 비는 조문, "근조"라고 쓰인 검은 리본 등도 벽보 위에 붙었다. 분향소를 찾은 일반 시민들이 자발적으로 제작, 게시한 표현물이었다.

같은 시간, 온라인 공간에도 비슷한 표현물이 다량으로 출현했다.

포털 및 뉴스 사이트에서 개설한 추도 페이지는 「▶◀」(추도를 의미하는 검은 리본)의 마크가 붙은 수많은 댓글과 게시물로 순식간에 "도배"되었다. 온라인 게시판과 개인의 블로그도 노 전 대통령의 죽음과 관련한 추도 메시지와 정치적 발언으로 뒤덮였다.

전직 대통령의 자살이라는 충격에 대한 군중의 정서적 반응이라고 치부할 수도 있겠지만, 수많은 이들이 동시에 동일한 이슈에 대해 자발적으로 의견을 개진하는 실천이라는 점에서 결코 가볍게 볼 만한 것은 아니다. 결과적으로 오프라인 공간과 온라인 공간을 포함하는 한국의 공론장 전체가 한순간에 추도 게시물과 정치적 발언으로 "점령"되는 사태가 벌어졌다. "안녕들 하십니까" 릴레이 대자보로 본격화되기 전에도, 벽보(혹은 게시물)는 저항하는 시민 사회의 상징으로 잠행 중이었던 것이다.

한국은 사이버 공간에서 높은 정치 참여 의식을 자랑해왔다. 인터넷 공간에서 정치적 이슈는 늘 가장 뜨거운 주제였으며, 각종 선거 국면에서 온라인 공간은 가장 관심을 받는 공론장이기도 했다. 국가 기관이 소셜미디어를 통해 선거 여론 형성에 개입하려 했다는 스캔들도 끊이지 않았는데, 이는 거꾸로 여론 형성에 있어서 온라인 공간의 존재감이 작지 않다는 뜻이기도 하다.

바로 그 온라인 공간에서 대자보가 부활했다. 학생운동과 노동운동으로 대표되던 제1세대 데모와 함께 관심에서 멀어졌던 대자보가 사이버 공간에서 꽃핀 제2세대 데모를 통해 되살아났다. 소셜미디어와 대자보는 분명히 다른 종류의 플랫폼이지만, 자발성, 개방성, 쌍방향 의사소통 등 표현 방식, 실천 방식이라는 측면에서는 매우 닮은 얼굴을 하고 있다.

데모는 진화하고, 미디어도 진화한다. 한국 사회의 데모는 투쟁적 제1세대에서 공생적 제2세대로 진화했고, 데모의 미디어는 대자보에서 인터넷 게시판, 나아가 소셜미디어로 진보하고 있다. 그 과정에서 지속적으로 부활하는 벽보 혹은 대자보야말로 한국 사회의 데모의 상징적 주역이라고 해야 할지도 모른다.

● 이 장은 2013년 김경화가 한국언론정보학회 가을철 정기학술대회에서 발표한 "미디어 실천으로서의 '대자보' – 온라인 공간 정치 참여의 계보학"과 2014년 핀란드 탐페레에서 개최된 10th Crossroads in Cultural Studies Conference에서 발표한 "Reconsidering Wall Poster Activism: Online participatory culture in comparative historical perspective"를 바탕으로 대폭 수정, 재집필했다.

제6장
트위터 혁명의 신화
소셜미디어와 데모

이토 마사아키

2011년 2월 11일, 이집트 무바라크 대통령의 사임을 축하하기 위해
카이로 타흐리르 광장에 모인 데모대

소셜미디어와 데모의 관계

세계 각지에서 싹트고 있는 새로운 스타일의 데모에서는 페이스북, 트위터, 유튜브 등의 소셜미디어의 활약이 눈부시다. 일본의 반원전 데모나 미국의 반격차 데모에서 페이스북과 트위터, 유튜브 등이 자주 이용되었고, 운동이 시작되는 계기도 블로그에 업로드된 짧은 메시지였다. 일본의 반한류 데모는 니찬네루의 "축제"에서 시작되어 트위터, 유스트림, 니코니코 동영상 등을 적극 활용했고, 스페인의 반격차 데모는 다양한 운동 주체를 통합하는 웹사이트 플랫폼을 만드는 데에서 출발했다.

이런 모든 데모들의 시작점인 "아랍의 봄", 특히 이집트의 반정부 데모 역시 페이스북, 트위터, 유튜브 등을 활용했다. 운동의 거점이었던 페이스북 페이지를 만든 사람이 구글 사원이었다는 점도 상징적이어서 "페이스북 혁명"이라는 이름도 붙었다. 이렇게 주로 소셜미디어의 강력한 동원력을 통해 실현된 사회운동을 "소셜미디어 혁명"이라고 부르기도 한다. 소셜미디어가 사회운동과 변혁을 이끌어나갈 것이라는 낙관적 시각이 폭넓게 받아들여지게 되었다.

그런데 실상은 단순치만은 않다. "소셜미디어 혁명의 신화"라는 시각에 대해서는 이미 여러 관점에서 반론이 제기되었다. 데모에서 소셜미디어가 적극 활용된 것은 사실이지만, 직접적으로 데모를 구동했다고 할 수 없을 뿐 아니라, 데모의 유일한 동원 수단으로 결정적인 역할을 한 것은 아니라는 의견도 있다.

이 장에서는 "소셜미디어 혁명의 신화"의 실태와 배경을 검증하면서 데모라는 행동과 소셜미디어의 관계에 대해 생각해볼 것이다. 소셜미디어가 실제로 데모의 어떤 국면에서 이용되고 효과가 있었는가, 그리고 그 결과 데모는 어떻게 변했는가를 살펴볼 것이다.

우선 소셜미디어란 무엇인가라는 점을 확인해둘 필요가 있다. 소셜미디어라는 애매하고 편리한 개념에 대해 다양한 정의가 있을 수 있지만, 여기에서는 포괄적으로 다음과 같이 정의해두도록 하자.

협의의 소셜미디어란 SNS^{Social Networking Service}, 즉 일반 유저들이 교류하기 위한 장으로 마련된 서비스를 뜻한다. 구체적으로는 트위터, 페이스북, 믹시, 텀블러, 구글플러스, 링크드인, 라인 등이 포함된다 (한국의 경우에는 카카오톡을 포함해야 할 것이다.—옮긴이).

한편 광의의 소셜미디어란 CGM^{Consumer Generated Media}, 즉 일반 유저가 발신하는 정보를 매개하는 미디어를 종합적으로 의미한다. 소셜미디어뿐 아니라 더 정통파 서비스라고 할 수 있는 BBS(전자게시판), 이메일, 메일링리스트, 채팅, 휴대폰 SMS^{Short Messaging Service} 등 정보교환 수단, 모바일 통화 서비스, 블로그, 웹사이트 등 정보 발신 수단, 위키피디아 등 집합적 정보 아카이브, 소셜북마크 서비스, FAQ 사이트 등 정보 공유 수단을 비롯한 수많은 서비스를 포함한다. 플리커나 인스타그램 등 사진 투고 사이트, 유튜브와 니코니코 동영상 등 동영상 투고 사이트, 유스트림과 니코니코 생방송 등과 같은 라이브 투고 사이트 등도 포함된다. 광의의 소셜미디어, 즉 CGM은 인터넷 그 사제라고 해도 좋을지 모른다. 기술적 개념인 "인터넷"을 커뮤니케이션 수단으로 재정의한 것이 광의의 "소셜미디어"이다.

다음으로 이들 소셜미디어 혹은 인터넷이 데모 속에서 어떻게 활용되는지 명확히 해둘 필요가 있다. 데모에서 인터넷이 수단으로 사용되는 중요한 국면은 다음의 세 가지로 생각할 수 있다.

첫번째, "계획 국면"은 운동 내부적으로 데모의 주최자가 계획을 세우는 단계이다. 이 국면에서 데모의 내용과 구성이 결정되고, 결과적으로 데모가 존재하게 된다.

두번째, "동원 국면"은 운동 내부적으로 데모의 주최자 혹은 데모 참가자들이 주변 사람들에게 데모 참가를 설득, 권유하는 단계이다. 그로 인해 참가자가 동원되고, 데모가 성립한다.

세번째, "발신 국면"은 운동 내부에서 외부를 향해 데모의 주최자 혹은 참가자가 데모의 경위와 상황을 알리는 단계이다. 이 국면에서 데모의 존재 의의가 사회적으로 전달되고, 성과가 가시화되어 데모가 긍정적 평가를 받는다.

세 가지 국면이 항상 순서대로 발생하는 것은 아니다. 서로 겹치는 경우도 있고, 먼저 발생한 국면이 뒤따르는 국면에 영향을 끼치는 경우도 있다. 예를 들어, 운동의 경위와 상황이 효과적으로 발신되어

(발신 국면), 데모의 존재 의의가 사회에 대대적으로 전달된 결과, 참가자의 의지가 높아지고 보다 적극적으로 주변에 권유하며 결과적으로 데모 참가자가 더 많아진다(동원 국면). 그로 인해 데모의 내용과 구성이 더 대규모로 수정된다(계획 국면). 이렇게 발신 국면에서 동원 국면으로 나아가 계획 국면으로 각각의 결과가 영향을 끼치기도 한다.

이제 데모와 소셜미디어의 관계에 대해 생각해보자. 데모와 소셜미디어의 관계성을 데이터의 형태로, 즉 양적 혹은 질적 사회조사의 결과에 근거해서 실증하려는 것은 아니다. 앞서 밝힌 사회운동 사회의 도래라는 취지에 맞춰서 보다 포괄적인 시각, 특히 역사적인 배경 속에서 "소셜미디어 혁명의 신화"가 성립한 경위를 구조적으로 고찰해보는 것이다.

우선 소셜미디어 이전으로 눈을 돌려보자. "소셜미디어 혁명"이라는 말이 등장하기 한참 전부터 인터넷을 활용한 사회운동은 세계 각지에서 활발하게 일어나고 있었다. 1990년대 중반, 새로운 형태의 액티비즘이 등장하던 때와 거의 동시대의 일이다. 다시 말하자면, 새로운 스타일의 액티비즘은 인터넷이라는 새로운 수단을 배경으로 전개되었다.

인터넷이란 편리한 기술이 사회운동에서 다양하게 활용되는 것은 어찌 보면 당연한 일인데, 그중에서도 인터넷을 활용하는 것에 특히 역점을 둔 운동이 있었다. "사이버 액티비즘"이라고 불리며 새로운 스타일의 사회운동을 펼쳤던 대표적 사례가 있다.

인터넷을 활용한 초기 운동 중에 가장 유명한 사례는 1994년 이후 멕시코에서 전개된 사파티스타 민족해방군Ejército Zapatista de Liberación Nacional, EZLN에 의한 민주화 운동일 것이다. 북미자유무역협정NAFTA의 발효와 함께 세계화의 압력에 이의를 제기했던 운동으로, 멕시코 극빈 지역인 치아파스주에서 들고 일어난 군중이 리더 마르코스Subcomandante Marcos 부사령관의 지휘로 각지에서 게릴라전을 펼쳤고, 정부와 끈질기게 교섭을 해나간 결과, 각 분야에서 민주화를 달성했다.

운동 주체는 독자적인 웹사이트를 통해 전 세계인을 대상으로 자기들의 주장과 운동의 경위, 상황을 발신함으로써 국제적 여론의 지원을 이끌어냈다. 그 결과, 정부와 지속적으로 교섭할 수 있었다. 이 사례에서는 웹사이트가 데모의 발신 국면에서 이용되어 큰 효과를 보았다.

이후 사례 중 가장 유명한 것은 1999년 이후 세계적으로 전개된 반세계화 운동이다. 이른바 "시애틀 투쟁" 이후 세계화와 자본주의의 폭주에 이의를 제기하기 위한 운동으로, 국제회의가 개최될 때마다 수만 명에서 수십만 명의 대군중이 개최지에 모여 항의 행동을 벌였다. 2000년에는 워싱턴과 프라하, 2001년에는 제노바, 2002년에는 바르셀로나에서 대규모 데모가 벌어졌다.

　운동 주체는 메일링리스트와 채팅을 통해 경찰의 동정과 현지의 상황을 활발하게 공유하고, 매일 활동 계획을 수정했다. 그 결과, 세계 각지의 운동 조직이 기민하게 연락을 취하면서 행동할 수 있었다. 그 수법에 주목해서 "채팅룸의 혁명"이라는 말도 있었다. 메일링리스트와 채팅 등 정보교환 수단이 데모의 계획 국면에서 이용되어 큰 효과를 본 사례이다.

　2001년에 필리핀에서 일어난 대통령 탄핵을 위한 민주화 데모도 유명하다. 에스트라다Joseph Estrada 대통령의 부정 축재를 둘러싼 탄핵 재판이 진행되는 와중에, 증거 공개를 방해하는 의회 결의에 반발한 시민들이 휴대폰 SMS를 활용해서 "검은 옷을 입고 EDSAEpifanio de los Santos Avenue(에피파니오 데 로스 산토스 거리)로"라는 메시지를 널리 퍼트렸다. EDSA에 수십만 명에 달하는 대군중이 집결해서 대규모 데모 행동을 벌였고, 그 결과 대통령은 결국 사임하기에 이른다.

　이 데모가 계속되던 일주일 동안 약 700만 통에 달하는 메시지가 송수신되었다고 한다. 필리핀에서 대학교수를 하는 동료의 입을 빌리자면 "마치 피자가 배달되듯 데모대가 속속 조달되었다." 이 사건을 계기로, 하워드 라인골드Howard Rheingold는 사이버 액티비즘을 실천하는 군중을 "스마트몹smart mob"이라는 새로운 개념으로 정의했다. 휴대폰 SMS라는 정보교환 수단을 데모의 동원 국면에 이용해서 큰 효과를 본 사례이다.

이런 사례 속에서는 각각 다른 소셜미디어가 서로 다른 국면에서 큰 역할을 했다. 웹사이트, 메일링리스트와 채팅, 휴대폰 SMS 등의 수단들은 광의의 소셜미디어에는 포함되지만, 협의의 소셜미디어가 등장하기 전의 형태라고 해야 할 것이다.

트위터 혁명의 배후: 2009년 몰도바, 이란

소셜미디어를 활용한 초기 운동으로 가장 유명한 사례는 2009년 봄, 몰도바와 이란에서 잇달아 일어난 민주화 운동이다. 구소련의 작은 연방인 몰도바와 중동의 대국 이란, 아시아에서 멀리 떨어진 이 두 나라의 데모를 계기로 "트위터 혁명"이라는 아이디어가 싹터 "소셜미디어 혁명의 신화"로 발전되었다.

우선 몰도바의 사례를 보자. 2009년 4월 6일, 전날의 국회의원 선거에서 여당인 공산당이 과반수로 의석을 획득했다는 사실이 공표된다. 결과가 위조되었다고 의심을 품은 사람들, 특히 반체제파 운동 조직에 속한 젊은이 수백 명이 수도 키시너우의 중심가에 모여 무언의 촛불집회를 열었다.

다음 날인 4월 7일에는 2만 명 가까운 대군중이 그 자리에 다시 모여 대규모 데모를 벌였다. 일부는 폭도로 변해, 국회의사당과 대통령 관저를 공격했다. 그중 몇 명이 국회의사당 지붕으로 기어올라 루마니아 국기를 게양한다. 공산당을 배후에서 지휘하는 러시아에 항의해서, 다른 유럽 지역, 특히 이웃 나라 루마니아와 함께하기를 원한다고 선언한 것이다.

경찰이 출동해서 폭도들을 진압하자 격렬한 대치가 한밤중까지 계속되었다. 와중에 4명이 사망, 270여 명이 부상했으며 200명이 체포되었다. 보로닌Vladimir Nicolae Voronin 대통령은 이 소동을 "쿠데타"로 정의하고 배후에 루마니아가 있다고 단언했다. 루마니아 대사를 국외로 추방했고, 루마니아와 인접한 국경도 봉쇄했다.

데모가 계속되는 동안, 트위터에는 상황을 중계하는 트윗이 해시태그 "#pman(키시너우 중앙 광장을 뜻하는 루마니아어의 약자)"를 달고 끊임없이 확산되었다. 데모대와 경찰이 격렬하게 대치하는 사진과 동영상이 플리커와 유튜브에 업로드되었다.

각국의 매스미디어는 지금까지 대규모 민족운동이 보고된 적 없었던 몰도바의 갑작스러운 소요 사태를 크게 보도했다. 특히 트위터가 적극적으로 활용되었다는 점에 주목해 "트위터 혁명"이라는 자극적인 제목을 붙인 보도가 이어졌다. 이날《뉴욕타임스》블로그에 올라온 속보는 "몰도바의 민중, 트위터를 활용해 항의 행동 조직"이라는 제목이었다.

한편, 이란의 사례를 보자. 2009년 6월 13일, 전날의 대통령 선거에서 현직인 아마디네자드Mahmoud Ahmadinejad 대통령이 승리했다는 소식이 알려지자, 결과에 의구심을 품은 시민들, 특히 대항마로 나섰던 무사비Mir Hossein Moussavi 후보를 지지했던 젊은이들이 수도 테헤란 중심가에서 항의 데모를 벌였다. 다음 날, 데모대는 대규모로 불어났고 일부는 폭도로 변했다. 테헤란 대학을 포함한 몇몇 대학 캠퍼스에서 격렬한 폭동 사태가 벌어졌다.

6월 15일에는 무사비가 앞장서 나선 테헤란 자유 광장에 200만 명에 달하는 대군중이 모여들었다. 16일부터 18일까지 수만 명에서 수십만 명이 모인 촛불집회가 열렸다. 그러는 동안 데모는 테헤란 이외의 지역으로 퍼졌다. 전국의 20개 도시에서 비슷한 데모가 열렸고, 런던, 뉴욕, 파리, 베를린, 시드니에서도 이란 사람들의 데모가 열렸다.

테헤란에서는 6월 19일 이후, 데모대와 경찰관 그리고 "바시즈Basij"라고 불리던 민병대의 대립이 격화되어 다수의 사망자와 부상자가 나왔다. 체포된 사람도 많았다. "피의 토요일"이라고 불리는 20일에도 거친 진압으로 데모대 수십 명이 숨졌다. 이후에도 강경한 정부군과 저항하는 데모대의 대립이 며칠이나 계속되었다. 8월 5일, 아마디네자드 대통령은 데모와 항의가 계속되는 시국 속에서도 취임식을 강행했다.

데모가 계속되는 동안, 트위터에는 해시태그 "#iranelection"과 함께 상황을 알리는 트윗이 끊임없이 올라왔고, 정부군과 시민의 격렬한 투쟁 장면을 촬영한 사진과 동영상이 플리커와 유튜브에 업로드되었다. 6월 20일에는, 네다라는 이름의 소녀가 바시즈에 의해 사살되는 장면을 찍은 영상이 유튜브에 업로드되어 전 세계에 충격을 안겼다. 그러는 와중에 트위터 운영사는 미국 국무성의 우려 섞인 요청에 따라, 16일로 예정되어 있던 정기 점검을 연기했다.

1979년 이란 혁명 이후, 이란 전국을 격렬한 소요로 몰아넣은 이 사태에 각국의 매스미디어는 높은 관심을 보였다. 특히 트위터가 적극 활용된 점에 주목해, 2개월 전 몰도바에서 경험했던 "트위터 혁명"이 다시 한 번 출현했다고 보도했다. 몰도바에서 시작된 "트위터 혁명"이 중동의 대규모 민주화 운동으로 발전되었다는 것이다.

2009년 봄에 연이어 일어난 두 나라의 민주화 운동은 "트위터 혁명"에서 시작해 "소셜미디어 혁명"이라는 개념을 만들어냈다. 당시는 트위터를 시작으로 소셜미디어가 급속도로 보급되던 시기였기 때문에, 매스미디어가 선호하는 프레임이었을 뿐 아니라, 보통 사람들도 이해하기 쉬운 이야기였다.

처음부터 반론은 많았다. 트위터만으로 데모대가 모인 것이 아니었기 때문에 데모의 동원 수단으로서 소셜미디어가 결정적 역할을 한 것은 아니라는 주장이 제기되었다. 이후 다양한 조사를 통해 근거와 타당성을 뒷받침하는 데이터가 드러남에 따라 "트위터 혁명"이라는 말이 신화에 불과하다는 것이 밝혀진다.

예를 들어, 대규모 소요가 일어나던 시점에서 몰도바의 트위터 유저는 200명에 지나지 않았다. 겨우 200명이 주고받은 트윗으로 하루 만에 2만여 명의 대군중을 동원했다는 것은 납득이 가지 않는다. 이란에서도 역시 데모가 있던 시점에 국내 트위터 유저는 8,000여 명뿐이었다. 8,000여 명의 유저가 200만 명의 대군중을 며칠 만에 동원한다는 것은 생각하기 어렵다. 실제로도 몰도바의 데모 주최 측이 블로그에 공개한, 데모대 동원을 위해 활용한 수단 목록에 트위터는 들어 있지도 않다.

　실은 데모에 관련한 트윗의 대부분은 국외 유저에 의한 것이었다. 국내의 일부 활동적인 유저의 트윗을 국외의 유저, 특히 몰도바와 이란에서 망명한 국외자들이 적극적으로 공유함으로써 정보를 세계로 확산시켰다. 트위터는 국내의 상황을 국외로 발신하는 데는 눈부신 효과를 올렸지만, 국내에 있는 시민을 데모 현장으로 이끄는 직접적 수단은 아니었다. 특히 운동 조직의 외부에 있던 대다수의 보통 사람을 데모대로 유인하는 수단으로는 거의 역할을 하지 못했다.

　이들 데모의 경우, 트위터는 발신 국면에서 주로 효과를 보았고, 동원 국면에서는 기대하는 만큼, 적어도 사람들이 믿고 싶어 하는 만큼의 효과는 없었다. 운동의 내부에서 외부로 경위와 상황을 발신하는 데에는 한 역할을 했지만, 운동의 내부에서 참가자를 동원하는 수단으로는 그다지 도움이 되지 않았다. 이들 데모에서 활약한 동원 수단은 필리핀의 사례처럼 휴대폰의 SMS와 입소문이었다. 이메일이나 블로그 등 소셜미디어 이전의 인터넷이 데모대의 동원 수단으로 역할을 했을 것이다.

현지에서 독자적으로 취재할 방법이 없던 서구의 매스미디어가 트위터에서 오가는 다량의 정보를 보고, 트위터가 데모대의 동원 수단으로 활약했으리라고 안이하게 판단한 것이다. 낭만주의적 색채가 짙은 "트위터 혁명"의 진상이란 실은 이런 것이었다.

휴대폰으로 무장한 시민이 트위터를 통해 광장에 집결하고, IT라는 새로운 무기를 이용해 구태의연한 독재정권에 맞서나가는 이미지를 통해, 몰도바나 이란의 혼란스러운 상황을 알기 쉽게 이해하려했을 것이다. 하지만 그런 시각 때문에 거꾸로 잘 드러나지 않게 된 사정도 있었다.《워싱턴포스트》는 몰도바 사태로부터 2주 뒤인 4월 21일, "트위터 혁명은 존재하지 않는다"라는 기사를 통해 충격적인 사실을 보도했다.

기사에 따르면, 몰도바의 "트위터 혁명"은 민중 혁명이 아니라, 정부에 의해 의도된 관제 혁명이었다. 첫째 날의 데모는 자연 발생적이었지만, 둘째 날의 데모는 작위적인 집회였고, 그날 갑자기 대군중이 출현한 것도, 그중 일부가 갑자기 폭도로 변한 것도 정부의 시나리오에 따른 것이었다. 폭도들 중에 정부 정보국 직원이 섞여 있는 게 목격되었다. 게다가 국회의사당 지붕으로 올라가기 위해서는 건물 내부에 대한 지식이 필수적이었다. 즉, 정부는 첫째 날의 데모를 보고, 이 기회를 이용해서 대규모 폭동을 날조하고 탄압함으로써 반체제적 움직임과 배후의 루마니아와의 관계를 완전히 뿌리 뽑아버릴 계획을 세웠다는 것이다.

결과적으로, 매스미디어는 "트위터 혁명"이라는 낭만주의적 환상에 빠져, 현지의 실제 상황보다도 트위터 타임라인에 주의를 빼앗겼다. 배후의 복잡한 실태를 파악하려는 자세를 망각해버린 것이다. 기사에서 기자는 말한다. "우리가 유튜브에서 목격한 것은 새로운 트위터 혁명이 아니었다. 고의로 날조되고 왜곡된, 엄청난 규모의 반혁명이었다."

소셜미디어 혁명의 원조?: 2006년 벨라루스

"아랍의 봄"의 "페이스북 혁명의 신화"도 몰도바와 이란에서 탄생한 "트위터 혁명의 신화"와 비슷하다. 특히 페이스북이 데모의 주요한 동원 수단이라고 알려진 이집트에서 2011년 전 인구 대비 인터넷 이용자 비율은 약 20퍼센트에 불과했다. 인터넷 보급률을 거론하기에 앞서 글을 읽을 줄 아는 인구 비율도 높은 편은 아니어서, 특히 남부의 농촌 지역에서는 문맹률이 30퍼센트에 달했다.

"아랍의 봄" 당시 이집트에서는 수도인 카이로뿐 아니라 농촌에서도 데모가 불같이 일어났으니, 주요 동원 수단이 페이스북이라고 단언할 수 없다. 몰도바와 이란에서의 트위터가 그랬듯이, 이집트에서 활용된 페이스북은 데모의 동원 수단, 특히 운동 조직을 넘어서 보통 사람을 대상으로 한 대규모 선전 수단으로 결정적이었다고 보기는 어렵다.

활동가 그룹의 페이스북 페이지가 데모의 축이자 운동의 거점 역할을 한 것은 사실이다. 2011년 1월 25일에 시작된 카이로 데모는 그로부터 열흘 전인 15일, "4월 6일 운동" 페이스북 페이지에 올라온 한 제안에서 시작되었다. 활동가들은 튀니지의 상황을 참고로 치열하게 토론을 벌인 뒤, 이집트의 공휴일이자 경찰의 날인 25일을 "분노의 날"로 바꾸기로 결정했고, 이를 위한 계획을 고지했다. 말하자면, 페이스북은 데모의 동원 국면과 발신 국면보다 계획 국면에서 적극적으로 활용되었다. 데모의 주최자 그룹이 집단행동의 계획을 세우는 단계에서 가장 활발하게 이용된 것이다.

실제로 몰도바 데모를 주최했다고 알려진 조직 "하이드파크Hyde Park"와 "싱크몰도바Think Moldova"는 소셜미디어를 통해 반정부 운동을 전개해온 활동가 그룹이다. 그런데 이 활동가들이 이용한 소셜미디어는 트위터도 페이스북도 아니라, 러시아어를 쓰는 구소련 연방 국가에서 폭넓게 이용되던 라이브저널LiveJournal, LJ이라는 초기 소셜미디어였다(보다 정확하게 말하자면 라이브저널은 블로그 서비스의 일종인데, 이른바 "친구" 기능 등 소셜미디어적인 기능을 풍부히 갖추고 있다는 점에서 초기 소셜미디어라고 해도 좋을 것이다). 트위터나 페이스북보다 앞서 한 미국 기업이 시작했던 라이브저널은 새로운 소셜미디어가 대유행하면서 미국과 유럽에서는 잊혔지만, 러시아어권의 구소련 연방국가에서는 계속 인기를 끌다가 2007년에 한 러시아 기업에 매각되었다.

몰도바의 활동가 그룹은 라이브저널을 거점으로 토론을 벌이고, 선거 직후 상황을 지켜보며 첫날의 데모 계획을 고지했다. 이 몰도바의 사례를 "소셜미디어 혁명"의 시작점으로 본다면 "트위터 혁명"보다 "라이브저널 혁명"이라고 하는 게 더 정확할 것이다.

그런데 실제로는 "라이브저널 혁명"이라는 관점에서 보자면, 몰도바도 최초의 사례는 아니다. 몰도바보다 앞서 2006년 구소련 연방의 작은 나라 벨라루스에서 일어난 일련의 민주화 데모가 있다. 이 사례야말로 "라이브저널 혁명"의 시작점이니, 다시 말해 "소셜미디어 혁명"의 원류라고 볼 수 있다.

2006년 3월 19일 대통령 선거 날 밤, 벨라루스의 수도 민스크의 10월 광장에서 3만 명에 달하는 군중이 재선거를 요구하는 대규모 데모를 벌였다. 현직 루카셴코Alexander Lukashenko 대통령이 부정선거를 저질렀다고 주장하는 상대 후보 밀린케비치Alexander Milinkevich의 제안에 따른 항의 행동이었다. 다음 날인 20일에도 광장에 7,000여 명이 모여 격렬히 항의했다.

데모대는 벨라루스의 독립기념일인 3월 25일 "자유의 날"에 대규모 집회를 개최하기로 했다. 그런데 경찰이 그 전날, 광장을 점거한 시민들을 강제로 퇴거시킨 뒤, 25일에는 10월 광장으로 진입하려는 데모대를 막아섰다. 경찰은 정치범의 석방을 주장하며 구치소로 이동하는 군중을 끝끝내 해산시켰고, 이 과정에서 다수의 부상자와 체포자가 나왔다.

그런데 광장과 거리에서 쫓겨난 시민들, 특히 밀린케비치 후보를 열렬히 지지했던 젊은이들은 인터넷으로 활동의 장을 옮겨, 소셜미디어를 거점으로 하는 새로운 운동 방식을 찾아냈다. 라이브저널에서 "by_mob"이라는 이름의 온라인 커뮤니티를 만들어 "이니셔티브Initiative" 운동을 전개할 것을 선언했다.

온라인 커뮤니티에서는 활동가들이 의견을 교환했고, 다양한 아이디어와 데모 계획이 공표되었다. 민스크에서 수십 명이 참가하는 소규모 가두 행동이 매일 벌어졌다. 데모는 마치 벨라루스의 비밀경찰 KGB와 팽팽하게 맞서는 게릴라전과도 같았다.

벨라루스의 가두 행동은 단순한 데모가 아니었다. 유머 감각과 창의성이 넘치는 창조적인 행사, 데모인지 일종의 퍼포먼스인지 도통 알 수 없는 독특한 기획으로 진행되었다. 예를 들어, 시청 앞 광장에 집결한 뒤, KGB 경찰대의 눈앞에서 발매 금지 상태인 독립계 신문《나샤 니버Nasha Niva》를 일제히 펼쳐 들고 읽는다거나, 코마로프스키 마켓Komarovski market 입구에 집결해 정부계 신문인《소비에트 벨라루스$^{Sovetskaya\ Belorussia}$》를 모두 함께 읽은 뒤 눈앞에서 꾸깃꾸깃 뭉쳐서 쓰레기통에 버리는 행동을 벌였다. 또는 KGB 창설자의 기념비 주변에 모여서 헌법 조문이 쓰인 소책자를 함께 읽기도 했다. 중앙 우체국 앞에서 데모가 끝난 뒤의 청소 비용을 주최자에게 부담시키겠다고 발표한 시장에게 돈을 보내는 퍼포먼스를 하거나, 칼리노프스키 광장에 집결해 KGB 경찰대 앞에서 일제히 아이스크림을 먹기도 했다.

이런 데모들은 모두 "by_mob"에서 나온 아이디어였다. 독특하고 창의력 넘치는 아이디어의 배경에는 라이브저널에서 다양한 의견을 나누고 즐겁게 실현해나가는 과정이 있었다. 이런 독특한 과정이야말로 소셜미디어를 활용한 커뮤니케이션과 토론 문화 속에서 탄생했다고 해야 하지 않을까?

이런 사례는 소셜미디어를 계획 국면에서 주로 이용해 눈부신 성과를 올렸다고 할 만하다. 동원 국면에서도 소셜미디어가 이용되긴 했지만 큰 효과를 보지는 못했는데, 이용자의 연령이나 속성이 한정되므로 운동 조직의 틀을 넘어서 정보가 폭넓게 확산될 수는 없었기 때문이다. 또한 발신 국면에서도 이용되긴 했지만, 이후의 몰도바나 이란과 비교하면 큰 효과가 있었다고 하기는 어렵다. 이용자의 지역과 사용 언어가 한정적이어서 국경과 언어의 벽을 넘을 수 없었기 때문이다.

벨라루스의 사례는 선구적이었음에도 불구하고, 어쩌면 너무 앞섰기 때문에 확산되거나 주목을 끌지 못했고 그 결과 역사의 음지에 남았다. 다양한 종류의 데모가 출현하는 이후의 전개 과정, 다시 말해 사회운동 사회가 도래한 지금의 상황에서 보자면, 이 운동에서는 선구적 특징을 더욱 발견할 수 있다. 예를 들어 다음과 같은 상황은 시사적이다.

3월 20일 데모가 끝난 뒤, 데모대의 일부가 10월 광장을 떠나는 것을 거부했다. 20여 개의 텐트가 쳐졌고, 물과 식료품이 운반되어 오면서 젊은이 300여 명이 점령 행동을 시작했다. 수많은 깃발과 풍선이 텐트를 장식했고, 광장은 금방 떠들썩한 캠프촌처럼 변했다. 24일, 경찰에 의해 강제 해산되기까지 단 며칠 동안의 점령이었지만, 5년 뒤인 2011년 스페인과 미국에서 대대적으로 전개된 점령 데모를 예견하는 사건이었다.

4월 26일에는 1만여 명의 대군중이 모여 대규모 데모를 벌였다. 이날은 체르노빌 원전 사고가 발생한 지 20년이 되는 날이기도 했다. 벨라루스는 원전 사고의 영향이 큰 지역으로, 국토의 5분의 1 이상이 방사능에 오염되었다고 한다. 정부가 방사능 피해 실태를 은폐하고 있다고 주장하는 밀린케비치는 원전 반대 운동을 기폭제로 다시 한 번 민주화 운동에 불을 지피려고 했다. 5년 뒤인 2011년, 일본에서 일어난 대대적인 원전 반대 데모를 예견하고 있었다고도 할 수 있다.

집합적 기획과 집합적 표현: 동원력을 넘어서는 동원력

이전의 사이버 액티비즘에서 이른바 "소셜미디어 혁명"으로 가는 시대적 변화 속에서, 데모와 소셜미디어의 관계는 어떻게 변했는가? 다시 말하자면, 데모라는 일련의 행동이 가진 각각의 국면이 어떻게 변했으며, 그 결과로 데모 자체는 어떻게 변화했는가?

1990년대 중반부터 2000년대 중반, 사이버 액티비즘 시대에는 소셜미디어 이전의 정통파 인터넷, 특히 정보 교환용 도구와 정보 발신용 도구가 각각의 단계에서 활용되었다. 계획 국면에서는 메일링리스트, BBS, 채팅 등이, 동원 국면에서는 휴대폰의 SMS, 메일, 웹사이트 등이, 발신 국면에서는 블로그와 웹사이트가 이용되었다.

이들 도구가 적재적소에 배치됨으로써, 이전의 운동에 비해 각각의 국면의 효율이 큰 폭으로 향상되었다. 계획의 효율이 대폭 개선되었을 뿐 아니라 동원력, 발신력도 좋아졌다. 그 결과, 대규모 데모를 보다 유연하고 효율적으로 조직할 수 있게 되었다. 이런 변화를 배경으로 전개된 것이 바로 사이버 액티비즘, 말하자면 새로운 형식의 사회운동이었다.

이후 2000년대 후반에는 소셜미디어, 이미지나 영상 투고 사이트, 스마트폰 등 더 새로운 기술이 보급되면서 이른바 "소셜미디어 혁명" 시대가 왔다. 각각의 국면에서 보다 새로운 소셜미디어가 이용되었고, 각각의 국면의 내부 사정도 크게 변화했다. 이때 새 기술의 영향을 직접적으로 받은 것은 일반적으로 알려진 것처럼 동원 국면이 아니었다. 새로운 기술은 데모의 동원력보다 계획 국면과 발신 국면에 영향을 미쳤고, 그 영향으로 동원 국면도 변했다.

우선 계획 국면의 변화를 보자. 계획 국면에서는 이전부터 있던 인터넷 수단을 대신하거나 강화하는 방식으로 트위터나 페이스북 등 소셜미디어를 활용했다. 예전에는 주최자들이 메일링리스트, BBS, 채팅 등을 통해 비교적 폐쇄적인 회로 속에서 데모를 계획했다. 그런데 소셜미디어의 등장으로 보다 개방적이고 역동적인 방식이 가능해졌고, 데모의 참가자 측도 계획 단계에 의견을 던질 수 있게 되었다.

예를 들어, 데모의 주최자(또는 결과적으로 주최자가 되는 주체)가 자신의 의견을 처음으로 소셜미디어에 투고한다. 이를 본 데모의 참가자(또는 결과적으로 참가자가 되는 주체)가 자신의 의견을 덧붙여 리트윗하거나 공유하는 방식으로 정보를 퍼트린다. 그 과정에서 막연하던 아이디어나 의견이 제안 형식으로 정리되고 기획으로 발전되어 계획이 완성되고 스케줄이 성립한다. 이런 식으로 여러 사람들의 손을 거치는 가운데 다양한 의견과 창의력이 더해져 데모의 계획이 정해진다.

이러한 프로세스가 일반화되면서, 데모를 계획하는 행위의 의미가 크게 변화했다. 창의성과 집합성이라는 두 요소가 추가됨으로써, 계획하는 행위에 모두 함께 즐긴다는 성격이 생겼고, 그 결과 목적 지향적인 "계획" 대신 자기 목적적인 "기획"으로 행위의 중심이 이동했다. 이렇게 행위의 틀 자체가 확대된 결과, 이 국면은 단순한 계획이 아니라, 데모의 주최자와 참가자가 함께 참여하는 느슨한 공동체 속에서 집합적 기획이라는 보다 창조적인 행위를 하는 장으로 발전했다.

다음으로 발신 국면의 변화를 보자. 이 국면은 원래 활용하던 도구를 대신하거나 추가하는 방식으로 트위터나 페이스북 등 소셜미디어, 플리커나 인스타그램 등 이미지 투고 사이트, 유튜브와 니코니코 동영상 등 동영상 투고 사이트, 유스트림과 니코니코 생방송 등 라이브 동영상 사이트 등을 함께 이용하게 되었다. 원래 이 국면에서 활용되던 수단은 블로그나 웹사이트 등으로, 주로 데모의 주최자 측에서 데모의 경위와 상황을 보고하는 비교적 정적인 방식이었다. 그런데 새로운 기술과 함께 보다 역동적이고 개방적인 발신 회로가 등장함에 따라 참가자 측에도 발신의 길이 열렸다.

예를 들어, 데모의 참가자가 상황을 스마트폰으로 촬영해서 사진이나 동영상을 웹사이트에 업로드하고, 댓글을 달아서 소셜미디어에 투고해서 데모의 경위와 상황을 실황중계한다. 그것을 본 다른 참가자가 댓글을 달거나 리트윗으로 공유해서 정보를 널리 확산한다. 이런 식으로 정보가 다양한 사람들 사이를 돌아다니고, 그 과정에서 다른 사람들의 반응과 지적을 받아들이면서 데모의 경위와 상황을 알려나간다.

　이런 상황이 일반화되면서, 데모의 경위와 상황을 발신하는 행위의 의미 역시 크게 변화했다. "발신한다"는 행위에도 역시 창의성과 집합성이 추가되었고, 그 과정에서 행위 자체를 모두 함께 즐기는 경향이 생겨났다. 그 결과 목적 지향적인 "발신" 행위가 자기 목적적인 "표현" 행위로 중심이 이동했다. 이 역시 행위의 틀 자체가 확대된 결과, 단순한 발신 국면이 아니라, 데모의 주최자와 참가자가 함께 참여하는 느슨한 공동체 속에서 집합적 표현이라는 보다 창조적인 행위를 하는 장으로 발전했다.

　이렇게 계획 국면이 집합적 기획의 장으로, 발신 국면은 집합적 표현의 장으로 변함으로써, 데모라는 장의 자리매김도 변화했다. 즉, 집합적 기획이 표현되는 장으로, 한편으로는 집합적 표현이 실천되는 장으로 전개된 것이다. 데모의 참가자는 스스로 참가한 집합적 기획을 실현하기 위해 데모의 장에 참가한다. 또 스스로 관여하는 집합적 표현을 실천하기 위해서 데모의 장에 참가하기도 한다. 결과적으로, 데모에 참가하는 행위의 의미 자체도 크게 변화했다. 목적 지향적 행위에서 보다 자기 목적적 행위로, 즉 어떤 목적을 위해 "동원되는" 행위에서 집합적 실천을 실현시키는 것 자체를 목적으로 "참가하는" 행위로 발전했다.

　"동원하다/동원되다"라는 것은 원래 목적 지향성이 강한 행위이다. 그러다 보니 데모가 자기 목적적인 행위로 변화하는 과정 속에서 애초에 "동원하다/동원되다"라는 행위의 기반이 붕괴되고, 동원 국면의 존재 그 자체가 축소된다. 계획 국면은 집합적 기획의 장으로, 또 발신 국면은 집합적 표현의 장으로 변해감으로써, 집합적 기획이나 집합적 표현 행위에 관여하는 것 자체가 서로 참가를 권유하는 행위가 되고, 이것이 실질적인 동원 행위가 된다. 동원 국면은 계획 국면과 발신 국면 속으로 압축되거나 더 나아가 흡수, 용해되어 거의 소실되어 버린다. 결과적으로는 아예 불필요해질지도 모른다. 왜냐하면 동원 국면에 있어서의 동원 행위 그 자체보다도 계획 국면의 집합적 기획 행위나 발신 국면의 집합적 표현 행위가 실제로는 더 큰 동원력을 갖기 때문이다.

동원 국면의 용해와 소실이라는 사태와 함께 "동원하는 자"와 "동원되는 자"의 관계도 불분명해졌다. 데모의 주최자와 참가자 사이의 울타리가 낮아졌고, 참가자에서 주최자로 쉽게 옮겨갈 수 있게 되었다. 더불어 "동원되는 자"와 "동원되지 않는 자"의 구별도 불분명해졌다. 예를 들어 어디선가 데모 정보를 주워들은 사람이나 우연히 데모 현장에 있었던 사람, 다시 말하자면 가상공간 혹은 실제 공간의 나그네가 정보를 확산하거나 현장 사진이나 동영상을 업로드하며 집합적 기획과 집합적 표현 행위에 참가함으로써, 어렵지 않게 합류할 수 있게 되었다. 그 결과 주최자도 참가자도 나그네도, 더 나아가 가상공간과 실제 공간을 포함해 서로의 사이를 자유자재로 회유하면서 모두를 끌어들이는 방식의 보다 큰 동원력이 만들어진다.

소셜미디어 등 새로운 기술의 등장은 이처럼 계획 국면과 발신 국면의 내부적 변화를 이끌어내는 한편, 동원 국면의 용융과 소실이라는 사태를 불러일으켰다. 하지만 그 결과 동원 국면을 지워버림으로써 역설적으로 더 큰 동원력을 획득했다고도 할 수 있다.

컬러 혁명 2.0: 4월 6일 운동과 오트포르

소셜미디어 등 새로운 기술의 등장으로 인해 데모가 큰 변화를 겪고, 그 결과 사회가 실제로 크게 변화한 사례가 있다. 이른바 "페이스북 혁명"이 성공한(일단은 성공했다고 말하자.) 이집트가 전형적이다.

기술 진화가 사회 변화의 시작점이라고 말하는 것은 어폐가 있다. 왜냐하면 기술 역시 사회 변화의 일부분이기 때문이다. 어떤 기술이 보급, 채용되는 배경에는 사회적인 요청과 압력이 있기 마련이다. 경제적 수요가 있다면 정치적 의도가 있을 수도 있고, 역사적 배경이나 지리적 상황도 있다. 그런 복잡한 사정이 뒤엉킨 상황 속에서 필요하다고 여겨지는 기술만이 보급되거나 채용될 수 있는 것이다.

소셜미디어가 다양한 데모 행위 속에서 활용되고 보급된 배경이나 "소셜미디어 혁명"이라는 현상이 성립한 배경에도 역시 그런 사정이 있었을 것이다. 그런 사정을 전부 밝혀내는 것은 불가능할지 모르지만, 단면을 추측할 수 있는 것이 바로 이집트에서 시작된 "아랍의 봄"과 소셜미디어에 대한 사례이다.

이집트의 데모를 주도한 활동가 그룹 "4월 6일 운동"은 2008년 4월 6일에 벌어진 노동쟁의를 지원하는 조직으로 결성된 뒤, 페이스북 페이지를 거점으로 활동을 벌여왔다. 구속된 기자의 석방을 요구하는 운동, 선거 방해를 반대하는 운동 등 활동 내용은 다양하다.

활동 스타일은 독자적으로 개발한 것이 아니라 해외의 다양한 운동 조직과의 접촉을 통해 양성된 것이었다. 그 속에서도 특히 인터넷의 효과적인 활용법이나 안전한 데모법 등 운동의 구체적인 노하우를 전수한 주체는 세르비아의 활동가 그룹 "오트포르!^{Otpor!}"였다고 전해진다.

2009년, 4월 6일 운동의 활동가들이 오트포르 멤버가 설립한 NGO 단체를 방문해서 데모의 구체적인 노하우를 배웠다고 보고된다. 예를 들어, 경찰의 고무 총탄에 의한 부상을 막기 위해 옷 속에 페트병을 지니거나, 최루탄 피해를 줄이기 위해 양파나 식초를 사용하라는 등의 지침도 있었다고 한다. 4월 6일 운동은 매달 두 차례 비디오 상영회를 개최해 그런 노하우를 확산시켰고, 튀니지의 운동 조직과도 접촉해서 노하우를 전수했다. 이런 일련의 활동이 "아랍의 봄"의 밑거름이 되었다. 즉, 데모의 노하우를 전수하는 활동의 기점으로 오트포르가 역할을 했다.

오트포르는 1998년, 베오그라드 대학의 학생들을 중심으로 결성되었다. 코소보 분쟁을 겪고 2000년에 실시된 대통령 선거 때, 당시 유고슬라비아 대통령인 밀로셰비치^{Slobodan Milošević}의 지휘하에 부정 선거가 이루어졌다고 주장하는 대규모 항의 데모가 있었다. 이 데모는 폭력 행위를 배제하고 평화적인 방식으로 이루어졌는데, 이후 민주화 운동 모델의 하나가 되었다고 여겨진다. 평화적인 방식으로 민중의 지지를 얻은 이 운동은 결국 밀로셰비치를 퇴진시켰다.

"불도저 혁명"이라고 불리는 이 운동의 눈부신 성공에 촉발된 듯, 독재정권에 시배당하는 비슷한 상황에 있던 동유럽, 구소련 제국들에서 특히 젊은이를 중심으로 하는 새로운 민주화 운동이 줄줄이 일어났다. 오트포르는 이들을 지원하는 입장이 되어, 이른바 "혁명의 수출자"로서 각지의 활동가 단체와 접촉하면서 운동의 노하우를 전수했다.

그 과정에서 "컬러 혁명"이라 명명된 일련의 민주화 운동의 흐름이 나타난다. 동유럽이나 구소련 제국, 중동과 아랍의 여러 나라를 무대로, 특히 젊은이들이 중심이 된 활동가 그룹이 이끄는 군중이 독재정권에 맞서 각지에서 극적인 정변을 이끌어냈다. 폭력 행위를 배제한 평화적인 데모, 때로는 축제적인 데모로 운동이 전개되었기 때문에, 각지의 "혁명"에는 색깔이나 꽃의 이름이 붙었다.

2003년 조지아에서는 "장미 혁명", 2004년 우크라이나에서는 "오렌지 혁명", 2005년 키르기스에서는 "튤립 혁명", 같은 해 레바논에서는 "삼나무 혁명"이 있었다. 2006년 벨라루스, 2009년에는 몰도바와 이란으로 이어진 운동 역시 이 흐름 속에 있었다고 할 수 있다. 벨라루스는 "청바지 혁명", 몰도바는 "포도 혁닝", 이란은 "그린 혁명" 등으로도 불린다. 2011년 "아랍의 봄"의 효시가 된 튀니지 운동이 "재스민 혁명"이라고 불리는 것도 이런 흐름을 의식한 것이다. 이집트의 운동은 "연꽃 혁명"이라고 불린다.

실은 "소셜미디어 혁명"도 이 "컬러 혁명"의 흐름 속에 있다. 2006년 벨라루스의 "청바지 혁명"을 "라이브저널 혁명"으로, 2009년 몰도바의 "포도 혁명"과 이란의 "그린 혁명"을 "트위터 혁명"으로, 2011년 튀니지의 "재스민 혁명"과 이집트의 "연꽃 혁명"을 "페이스북 혁명"으로 바꾸어 부를 수 있다.

이들 일련의 민주화 운동을 각국의 젊은 활동가 그룹이 이끈 점과 관련해서는, 배후에 미국 정부 혹은 미국의 특정 조직의 관여가 있었던 것이 아니냐는 의문이 끊임없이 제기된다. 이들의 운동이 반미적인 독재정권을 붕괴시키고, 보다 친미적인 민주 정권을 탄생시켰다는 의미에서 미국의 지역 전략에 부합하기 때문이었다. 국무성과 몇몇 재단과 NGO가 현지의 운동 조직을 배후에서 지원하고, 미국의 국익에 맞는 형태로 이 지역의 "민주화", 더 나아가 "민주화 도미노"를 추진한 것이 아니냐는 것이다.

"아랍의 봄"도 이런 관점에서 재해석할 수 있다. 예를 들어, 4월 6일 운동 활동가들은 단체를 결성한 지 얼마 되지 않은 2008년 12월 미국의 비영리단체 "무브먼트.org^{movement.org}"가 주최한 "청년운동 동맹 서밋^{Alliance of Youth Movement Summit}"에 초대되어 뉴욕을 방문한다. 이 회의에는 세계 각지의 젊은이들이 이끄는 활동가 단체가 다수 초대되었는데, 여기에 참가한 것을 계기로 4월 6일 운동이 각지의 운동 조직과 관계를 맺고, 오트포르와도 비밀리에 접촉했다고 생각할 수 있다.

　즉, 오트포르의 원조를 받아 4월 6일 운동이 성숙하고, 더 나아가 "아랍의 봄"을 이루어낸 배후에는, 간접적으로라도 "컬러 혁명"을 지원한 미국, 혹은 미국의 특정 조직의 관여가 있었던 것으로 보인다. 실제로 위키리크스로 공개된 기밀문서에서 밝혀진 건도 있다. 이 문서는 카이로 주재 미국 대사관에서 워싱턴으로 보낸 것으로 "청년 운동 동맹 서밋"에 초대된 4월 6일 운동과 미국 정부가 친밀하게 의견을 교환한 사실이 기록되어 있다.

　하지만 여기에서 의문이 하나 생긴다. 미국은 왜(꼭 통일적인 국가 의지에 의한 것이라고 하지 않을지언정) 4월 6일 운동, 나아가 이집트의 민주화 운동을 지원한 것일까? 당시의 무바라크 정권은 다른 지역의 많은 독재정권과 달리 친미적, 친이스라엘적이어서 오히려 미국 입맛에 딱 맞는 정권이었다. 그런 정권이 붕괴하고, 더 이슬람 친화적이고 따라서 반미적, 반이스라엘적인 신정권이 탄생하는 것을 미국 정부가 환영할 리가 없다(실제로 이집트에서는 무슬림 동포단이 이끄는 이슬람 정권이 탄생했다).

다나카 사카이田中宇는 이 질문에 대한 답변이 "청년운동 동냉 서밋"과 "무브먼트.org"의 조직 구성에 숨어 있다고 분석한다. "청년운동 동맹 서밋"에는 미국 국무성이나 외교 문제 평의회뿐 아니라 구글, 페이스북, AT&T 등 IT 기업, 나아가 NBC, ABC, CBS 등 방송국이 이름을 올리고 있다. 한편 "무브먼트.org"의 후원자 명단에도 페이스북, 유튜브, 미트업Meetup 등 IT 기업, CBS, MSNBC, MTV 등 방송국이 들어 있다.

즉 미국은(반드시 통일적인 국가 의지에 의한 것이라고 하지 않을지언정) 무바라크 정권을 통해서 정치적 이권을 현지에서 확보하는 것보다, 젊은이들에 의한 활동가 그룹을 통해 구글, 페이스북, 유튜브 등 IT 기업, 더 나아가 다양한 미디어 기업의 문화 상품을 "수출"함으로써 현지의 풀뿌리 문화 속에 뿌리내려 얻어내는 산업적 이권, 그것도 IT와 미디어에 관한 첨단문화 산업적 이권을 현지에서 확보하는 것을 선택한 것은 아닐까?

만약 그렇다면 "소셜미디어 혁명"이란 세계 곳곳에서 미국의 산업 정책의 일익을 담당하는 사건에 불과하다고도 볼 수 있다. 실제로 이란의 데모 때에는 트위터가 시스템 점검 작업을 연기하거나, 이집트 데모 때에는 구글과 트위터가 연계해서 음성 시스템을 제공하는 등, 미국의 IT 기업은 그 지역의 민주화 운동에 대단히 협력적이었다. "소셜미디어 혁명"이란 "컬러 혁명"에서의 미국 정권의 역할이 새로운 단계로 접어든 "컬러 혁명 2.0"이라 해야 할지도 모르겠다.

　여기에서 소개한 이 같은 견해는 물론 정곡을 찌르는 하나의 시각에 불과할 뿐이다. 이른바 "음모설"처럼도 들리는 이런 부류의 이야기를 검증하기는 어렵다. 다만 "소셜미디어 혁명"의 배후, 그리고 데모와 소셜미디어의 관계의 이면에는, 실은 권력과 자본이 뒤엉킨 복잡한 사정이 있을 수 있다는 점은 알아둘 필요가 있다.

제7장
홀로그램 속의 시민
테크놀로지와 데모

김경화

© Amnesty International

2016년 2월 24일, 서울 광화문 앞에서 펼쳐진 3D 홀로그램 데모 "2.24 앰네스티 유령 집회"

유령 데모대의 행진

2015년 4월 10일 금요일, 스페인 마드리드 국회 건물이 자리한 라스 코르테스 광장. 국회 건물을 마주 보고 가로 7미터, 세로 3미터에 달하는 거대한 반투명 스크린이 설치되어 있었다. 호기심에 걸음을 멈춘 행인과 카메라를 든 기자들이 서성이고 있을 뿐, 거리는 한산했다. 어둠이 본격적으로 내려앉은 밤 9시 반, 스크린을 향한 프로젝터에서 밝은 빛이 뿜어져 나오자, 허공처럼 보이는 스크린 위로 푸르스름하게 빛나는 유령 시위대가 홀연히 떠올랐다. 홀로그램 시위대였다. 홀로그램 속의 시민들은 이윽고 "표현의 자유를 보장하라!", "악법을 철폐하라!"라고 외치면서 스크린 위를 행진하기 시작했다. 전 세계의 미디어를 통해 대대적으로 보도된 세계 최초의 홀로그램 데모였다.

고질적인 경제 위기에 시달리던 스페인에서 데모는 흔한 일이었다. 특히 2008년 리먼 쇼크 이후, 만성적인 실업에 시달리며 불안정한 나날을 보내야 했던 젊은이 사이에는 정부에 대한 불신과 불만이 팽배해 있었다. 앞선 장에서 소개한 인디그나도스 운동도 그런 배경에서 젊은이들이 들고 일어난 데모였다.

2014년 말, 이렇다 할 경제 부흥과 실업 대책을 내놓지 못하던 스페인 보수당 정부는 "시민안전법"의 제정을 추진했다. 허가 없이 정부 및 국회 건물 주변에서 집단행동을 벌이는 것을 금지하는 내용의 법안이었다. 공공장소의 질서를 유지하고 테러리즘을 방지한다는 명분이었지만, 실제로는 도심에서 빈발하는 반정부 데모를 사전에 막기 위한 조치라는 것이 분명했다.

법안이 규제하는 집단행동은 광범위하고 벌칙도 무거웠다. 데모가 금지되는 장소에는 정부 및 국회 건물은 물론, 대학 및 병원 건물도 포함되었다. 이를 어길 경우에 부과할 수 있는 최대 벌금은 무려 60만 유로(약 7억 원)였다. 그 밖에도 데모 현장을 동영상 혹은 사진 촬영하는 행위(3만 유로, 약 4,000만 원), 진압하는 공권력에 반항하는 행위(300유로, 약 40만 원)에도 벌금을 부과하는 내용이었다.

정치적 표현의 자유를 원천 봉쇄하는 이 법안에 대해 스페인 시민 사회는 크게 반발했다. 시민 세력의 연합체 "노 소모스 델리토No Somos Delito"를 중심으로 대대적인 항의 데모가 벌어졌다. "우리는 범죄자가 아니다."라는 뜻의 "노 소모스 델리토"는 2013년에 결성된 시민운동 단체로, 스페인 정부의 실패한 정책을 비판하고 데모를 통해 시민의 목소리를 내는 중심 역할을 해왔다. 시민들의 격렬한 항의에도 정부는 의지를 굽힐 줄 몰랐고, 2015년 7월 1일로 예정된 법안 시행일은 다가오고 있었다. 기상천외한 홀로그램 데모는 이런 상황에서 기획되고 실행에 옮겨졌다.

시민이 거리에 나서는 것을 금지한다니 데모를 하려면 유령이라도 되라는 말인가. 한 활동가가 비꼬는 듯이 던진 냉소적인 말 한마디에서 모든 것이 시작되었다. "유령이 된 시민"이라는 황당무계한 계획을 실현하기 위해 홀로그램 기술과 동영상 연출 경험이 있는 미디어 전문가들이 협력했다. 활동가들은 비밀리에, 하지만 용의주도하게 움직여나갔다.

노 소모스 델리토는 "홀로그라마스 포르 라 리베르타드(자유를 위한 홀로그램)www.hologramasporlalibertad.org"라는 웹사이트를 개설했다. 시민안전법의 문제점을 알리고 시민들이 행동에 나설 것을 촉구하는 이 웹사이트를 거점으로 반대하는 시민들의 목소리를 공개 모집했다. 1만 7,000여 명이 웹사이트를 통해 함성을 녹음한 파일, 항의자의 사진, 항의 메시지를 담은 슬로건을 보내왔다. 이렇게 시민들이 투고한 이미지와 음성, 동영상이 홀로그램 데모를 제작하는 데 자료로 활용되었다.

홀로그램 시위를 할 장소를 고르는 것은 무엇보다 까다로운 일이었다. 마드리드 시내의 대여섯 곳이 후보로 검토되었고, 가장 위험하지만 상징적인 국회 앞 광장이 무대로 최종 결정되었다. 경비가 늘 삼엄한 국회 앞 광장에 스크린을 설치하기 위해서는 사전에 허가가 필요했다. "대형 스크린을 설치해 동영상을 상영할 것임." 정도의 애매모호한 내용의 신청서가 제작 회사의 이름으로 제출되었고, 마드리드 시내에서는 영화를 노천에서 상영하는 일이 흔한 만큼 별 의심 없이 허가가 떨어졌다.

데모에서 사용된 홀로그램 영상은 며칠 전 마드리드 인근에서 촬영되었다. 영화감독 에스테반 크레스포^{Esteban Crespo}가 50여 명의 활동가와 함께 연출, 제작을 맡았다. 홀로그램 데모대가 행진을 벌일 국회 앞 건물의 크기와 거리의 모양 등을 고려하여 주변 상황에 이질감 없이 녹아들 수 있도록 다각도로 검토가 이루어졌다. 메인 뉴스가 시작되는 오후 9시 이전에 실시하는 것이 홍보 전략상 바람직하다는 의견도 있었지만, 홀로그램 영상이 뚜렷하게 보이려면 주변이 충분히 어두워야 했으므로, 행동을 개시하는 시간은 오후 9시 반으로 결정되었다.

결행 당일, 세계 최초의 홀로그램 데모가 시작되자, 시민의 함성과 구호 소리가 스피커에서 울려 퍼졌고 3D영상으로 되살아난 유령 시위대가 스크린 위를 행진했다. 시민들이 행진하는 영상 옆에 별도로 설치된 발언대 스크린에는 노 소모스 델리토 활동가의 홀로그램이 떠올라 법안에 반대하는 주장을 펼쳤다. 활동가의 발언을 포함해 10분 정도 계속된 홀로그램 행진은 서너 차례 되풀이해서 "상영"되었다. 한 시간여 동안 계속된 유령 시위대의 데모 현장에 진짜 몸을 가진 시민의 모습은 거의 볼 수 없었다. 그도 그럴 것이 이 데모가 언제, 어디에서 벌어지는지는 그날까지 극비에 부쳐졌기 때문이다.

홍보 캠페인으로 기획된 데모
홀로그램과 인터넷에 기발한 창의성을 더한 유령 데모대는 표현의 자유, 집회와 결사의 자유를 침해하려는 세력에 보기 좋게 일침을 가했다. 데모의 주체가 군중의 홀로그램 이미지로 등장했다는 점도 상징적이었다. 냉소적인 위트가 발휘된 데모였다.

앞선 장에서 소개한 세계 각국의 데모에서도 소셜미디어나 인터넷 게시판 등 테크놀로지가 적극 활용되었다. 하지만 3D 홀로그램 테크놀로지를 데모 현장에서 실현하는 과정은 선례들과 전혀 달랐다. 찬찬히 한번 살펴보자.

홀로그램 데모의 계획은 3D 홀로그램 영상 제작을 할 줄 아는 미디어 전문가들과 노 소모스 델리토의 활동가를 중심으로 폐쇄적으로 진행되었다. 데모의 내용과 장소, 시간, 방법 등을 치밀하게 검토했고, 비밀리에 리허설도 했다. 이전 장에서 소개한 축제형 데모나 점령 데모와 매우 다르다. 축제형 데모나 점령 데모는 소셜미디어에 막연하게 던져진 아이디어가 의사소통을 하는 와중에 구체적인 계획으로 발전되는 등 정보의 개방성과 유연성이야말로 가장 두드러진 특징이었다. 예를 들어 촛불집회 때에는 누군가가 소셜미디어에서 "트위터리안들도 깃발을 만들어 데모에 나가면 어떨까?"라고 반농담처럼 던진 제안이 어느 사이엔가 실현되었다. 소셜미디어에서 벌어지는 소통 과정에서 관심이 없던 나그네(별 생각이 없던 팔로워나 데모 현장을 거닐던 보행자 등)가 데모 참가를 결의하거나 주최자로 합류하기도 했다.

이는 홀로그램 데모에서는 애초에 불가능한 이야기였다. 활동가들과 미디어 전문가들의 폐쇄적인 워킹 그룹 속에서 전문적 논의를 거쳐 계획이 세워졌고, 정해진 양식의 파일을 투고하는 것 이외에 일반 시민이 참가할 여지는 없었다. 홀로그램 동영상 제작을 위해서는 전문 기술과 장비가 필요한 이상, 일반 시민들이 아이디어를 냈다고 해도 실제로 얼마나 실현할 수 있었을지는 회의적이다.

두번째, 데모 계획을 알리고 참가자를 모집하는 동원 단계는 웹사이트를 통해 이루어졌지만, 참가의 범위는 제한적이었다. 웹사이트의 취지에 동의하고 참가를 결의한 시민들은 음성과 동영상 파일을 투고했다. 시민들이 투고한 파일은 유령 데모대의 배경 요소로 활용되기는 했지만, 홀로그램의 주역이라고 하기에는 존재감이 미미하다. 게다가 이 과정에서 데모의 시간과 장소도 공개되지 않았다. 데모의 계획을 공개하고 참가를 독려하는 것이 동원 국면이라면, 홀로그램 제작에 활용할 파일을 모집하는 것을 적극적인 동원 활동이라고 보아도 좋을지 애매할 정도이다.

데모의 의의를 사회적으로 발신하는 단계는 더욱 대조적이었다. 홀로그램 데모는 전 세계 매스미디어의 대대적인 보도를 통해 각국에 알려졌다. 스페인 국내 미디어뿐 아니라, BBC, CNN,《르몽드 Le Monde》등 세계적으로 권위 있는 언론 미디어에서도 홀로그램 데모를 소개했고, 한국의 언론에도 등장했다. 결과적으로 데모의 의의를 전 세계적으로 알리는 성과를 냈지만, 축제형 데모와 점령 데모에서 큰 역할을 했던 소셜미디어와 입소문의 존재감은 크지 않았다.

그도 그럴 것이 이 데모는 처음부터 화제성을 가진 홍보 캠페인으로 기획되었다. 법안에 반대하는 시민의 대표 격으로 노 소모스 델리토가 얼굴 역할을 한 것은 사실이지만, 홀로그램의 제작 및 기획은 "DDB스페인"이라는 전문 광고회사가 지휘했고, 실제 제작은 제작 대행사 "갈릭TV"가, 대언론 창구는 홍보 대행사 "Q.M.S.커뮤니케이션스"가 담당했다. 광고 및 홍보 전문가가 배후에서 움직였던 만큼, 시민이나 당국에는 끝까지 비밀에 부쳐졌던 시위 정보가 일부 유력 미디어에는 사전에 전달되었을 것이다. 실제로 데모 현장에 시민의 모습은 적었지만, 카메라와 마이크를 든 취재진이 대거 모였다. 큰 선전 효과를 거둔 것도 어찌 보면 당연한 일이다.

데모를 구체적으로 수행하는 과정의 특징을 취합하자면 홀로그램 데모는 외국의 매스미디어를 통해 문제를 폭넓게 알리고 국제 여론을 통해 스페인 보수 정권을 압박하려는 의도에서 치밀하게 기획된 홍보 캠페인이었다. 홍보 캠페인으로서 대성공을 거두었다는 점에는 이론의 여지가 없지만, 시민운동으로서 위력을 발휘했는지는 의문이다. 전 세계의 매스미디어는 홀로그램 기술을 이용한 새로운 방식의 데모가 등장했다고 찬사를 퍼부었지만, 스페인 정부에 당장 악법을 폐지하라고 촉구하지는 않았다. 2017년 말 현재 스페인 시민

안전법은 아직 유효한 법률이다.

홍보 캠페인 접근법의 효용

홀로그램 데모는 국회 앞 거리를 점령하고 정치적 의견을 주장했다는 의미에서 명백한 데모였다. 하지만 리더십은 폐쇄적이었고 주최자와 참가자의 관계가 수직적이었다는 의미에서는 구식 액티비즘이었다. 그렇다고 해서 이 데모의 의의를 평가절하할 필요는 없다. 이 데모(혹은 홍보 캠페인)의 가장 중요한 의의는 집회와 시위의 자유를 침해하는 세력에 대한 대항이고, 그런 의미에서 이 저항 행동의 가치가 폄훼될 이유는 전혀 없는 것이다.

2016년 2월, 마드리드에 이어 세계에서 두번째로 서울 광화문 광장에 유령 데모대가 출현했다. 국제앰네스티 한국지부가 개최한 "2.24 앰네스티 유령 집회"(190쪽 사진 참고)는 경찰의 강압적이고 폭력적인 시위 진압에 항의하기 위한 홀로그램 데모였다. 시민들이 행진하는 동영상과 목소리로 제작한 3D 홀로그램이 광화문에 세워진 특설 스크린에서 30여 분간 상영되었다. 전문가 그룹이 힘을 합쳐 치밀하게 준비한 마드리드 데모에 비하면 준비 기간이 짧고 영상의 완성도도 엉성했던 것 같지만, 그럼에도 불구하고 이 데모는 비교적 많은 언론에서 다루어졌다.

당시 광화문의 상황은 최악으로 치닫고 있었다. 세월호 참사 이후

정부의 대처에 항의하는 시민들과, 차벽과 물대포를 앞세운 공권력이 팽팽하게 대치한 긴장 상태가 계속되고 있었다. 데모에 대한 보도는 사상적 지향점에 대한 논쟁으로 번지기 일쑤였다. 무엇을 주장하고 요구하기 위해 시민들이 모였는지를 질문하기보다, 데모의 배후에 어떤 세력이 있는가, 데모에서 폭력이 행사되었는가 등이 초점이 되었다.

유령 집회에 대한 보도 역시 집회와 시위의 자유를 보장하라는 앰네스티의 주장 자체를 비중 있게 다루었다기보다는 "시위대 없는 시위"라는 화제성에 반응한 의미가 컸다. 하지만 적어도 데모의 배후를 의심하는 비틀린 관점은 강조되지 않았고, 광화문 광장에 등장한 유령 시민이라는 상징적 의미를 부각함으로써 집회와 시위의 자유라는 문제의 핵심에 비교적 근접한 공론화가 이루어졌다.

데모의 근본적인 목표가 사회를 개선하는 데 있는 한, 데모와 미디어와의 관계는 결코 떼려야 뗄 수 없다. 데모의 정치적 주장은 공론화, 제도화를 통해 해소된다. 크고 작은 데모가 일상다반사가 되는 사회운동 사회에서는 데모가 주장하는 사안이 분화, 전문화된다. 나라 전체가 아니라 지역에만 관계된 사안, 특정 직업이나 분야에 관계된 사안 등 반드시 거시적, 거국적 이슈가 아닐 수도 있다. 혹은 전문성이 높아 시민 사회 전체적으로 문제의식을 공유하기 어려운 경우도 있다.

예를 들어, 검색 사이트나 소셜미디어 등의 개인 정보를 보존 혹은 삭제하는 것에 관련한 "잊힐 권리" 논쟁, 인터넷 공간의 검열과 감시에 대한 문제를 제기하는 "사이퍼펑크^{cypherpunk}" 운동 등은 컴퓨터 네트워크가 세계적으로 보급된 1990년대 후반 이후에 새로이 등장했다. 한국에서 벌어진 사용자 중심 인터넷 환경 구축을 주장하는 "액티브엑스 폐지 서명운동"도 같은 맥락이다. 이런 문제들은 앞으로의 사회에 미칠 영향이 지대하지만, 매우 전문적인 사안이며 얽혀 있는 당사자도 복잡다단하다. 이런 문제에 대해 수백만 명 규모의 거대한 집단행동이 이루어질 가능성은 희박하다. 어찌 보면 대단히 전문적인 사안에 대해 시민들이 대규모로 모여 저마다의 의견을 외치는 것이 그리 효율적인 것 같지도 않다. 데모가 공론화되는 사회적 과정을 생각하자면 전문 지식을 최대한 활용하는 홍보 캠페인도 분명한 강점이 있는 것이다.

미디어 테크놀로지가 데모를 변화시키고 있는 것은 분명하다. 인터넷과 소셜미디어 등 전혀 다른 네트워킹 수단이 등장함으로 인해 데모를 조직하고 실천하는 방법론이 바뀌었다. 홀로그램 데모가 훌륭하게 보여준 것처럼, 테크놀로지를 구사함으로써 거리에서 행진하고 함성을 지르는 것과는 전혀 다른 방식으로 항의를 표현할 수 있는 가능성도 생겼다. 다양한 미디어 테크놀로지를 활용함으로써 데모는 그저 집단행동이 아니라 일종의 표현 행위로 진화했다고 해

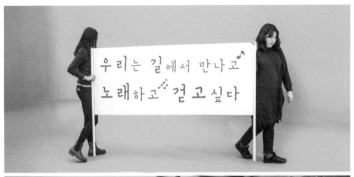

집회에서 사용되는 3D 홀로그램 동영상은 사전에 제작한 뒤, 당일 현장에 설치된 스크린에서 상영된다. 사진은 "2.24 앰네스티 유령 집회"의 준비 장면 및 광화문에서의 상영 장면(Amnesty International 촬영 및 제공).

도 좋을 것이다. 앞선 장에서 언급했듯 "소셜미디어 혁명의 신화"라는 이해 방식은 과장되고 오해의 소지도 있지만, 데모가 "집단적 동원"이라는 구태를 벗어던지고 "집합적 표현"으로 진화하는 과정에서 미디어 테크놀로지가 핵심적인 역할을 했다는 점은 부인하기 어렵다.

"인터넷 신화"는 깨진 약속이다

풀뿌리 미디어로서 잠재력을 가진 인터넷의 등장 이후, 참여형 미디어와 수평적 커뮤니케이션, 토론 문화가 새로운 민주주의의 길을 열 것이라는 장밋빛 전망에 귀가 솔깃하던 시절이 있었다. 얼추 실현된 것처럼 느껴지는 사례가 없었던 것도 아닌 만큼, 지금도 인터넷의 수평 문화를 통해 사회적 합의를 이끌어낸다든가 소셜미디어의 집합적 지성이 문제를 해결한다든가 하는 희망 섞인 이야기를 적지 않게 듣는다. 그런데 이런 말을 쉽게 입에 담는 사람은 현실을 직시하지 않는 이상주의자이거나 희미한 윤곽만으로 전체를 저울질하려는 저널리스트가 아닐까 싶다. 인터넷 공간의 현실은 이와는 매우 다르게 전개되고 있기 때문이다.

인터넷을 통해 자유로운 소통의 가능성이 늘어난 것은 사실이다. 하지만 그 가능성이 서로 다른 이를 이해하고 이견을 조정하는 데 쓰이는가 라고 묻는다면 부정적으로 답할 수밖에 없다.

예컨대, 인터넷에서는 "검색", "팔로우", "친구 리스트" 등 개인의 입맛에 맞춰진 필터링 기능이 정보의 중심축이 된 지 오래다. 인터넷을 통해 새로운 정보를 접하고 세상을 넓히기보다는, 이전부터 갖고 있던 자신의 관점을 뒷받침하는 정보를 집중적으로 소비하는 경향이 두드러진다. 결과적으로 인터넷은 스스로의 생각을 재확인, 강화하거나, 더 극단적인 방향으로 몰고 가는 결과를 낳았다. 개방성과 평등성이 대화와 타협을 이끌어낸 것이 아니라 의견의 양극화를 부채질하는 결과를 낳은 것이다. 인터넷의 영향력에 대한 최근의 실증적인 연구 결과들도 인터넷이 사회적 양극화와 불안정성을 강화하는 측면에 더 주목하고 있다. 인터넷이 더 열린, 더 소통하는 사회를 만들리라는 약속은 이미 깨진 듯이 보인다.

인터넷은 처음 등장했을 때 사람들에게 깊은 인상을 남겼다. 이메일은 편지를 쓰고, 우표를 붙이고, 우체통에 집어넣는 귀찮은 과정을 모두 생략해버렸을 뿐 아니라, 믿을 수 없는 속도로 지구 반대편으로 메시지를 전달해주었다. 그것도 아무런 추가 비용도 없이! 단순히 의사소통 수단이 좋아졌다는 말로 표현하기에는 차원이 다른 편의성이었다. "혁명"은 인터넷을 설명하는 가장 적절하고도 멋진 단어였다.

그런데 지금 상황은 어떤가? 회사 일을 잘하려면 카카오톡 계정을 다루어야만 하고, 친구 관계를 유지하기 위해서는 인스타그램이나 페이스북에 종종 얼굴을 내밀어야 한다. 트위터가 없으면 취미 생활이 불가능하고, 멘토가 필요할 때는 인터넷 게시판을 뒤진다. 인터넷은 그 자체로 우리의 삶이다. 써도 되고 안 써도 그만인 도구가 아니라, 도망가려야 도망갈 수 없는 사회관계, 그 자체가 된 것이다.

인터넷을 도구로 보는 관점에서는 더 좋은 도구를 손에 넣으면 더 쉽게 목적을 달성할 수 있다는 예측도 가능할지 모르나, 인터넷 자체가 사회생활의 근간이라는 관점에서 그런 예측은 성립하지 않는다. 삶의 일부가 된 인터넷 역시 사회와 유사한 모순과 갈등을 안고 있다. 개인이 좌지우지하기 어려운 복잡한 질서와 관계망 속에서 인터넷은 개인을 구속하거나 억압하는 힘으로 작용하기도 한다. "인터넷으로 세상이 좋아진다"는 말은 "세상이 저절로 좋아진다"는 허무맹랑한 소리에 지나지 않는 것이다.

마찬가지로 테크놀로지에 의해 데모가 줄기차게 변하는 것은 사실이지만, 단순히 데모를 조직하고 실천하는 "도구"가 개선되어 가는 흐름으로 읽는 것은 짧은 생각이다. 인터넷은 그 자체로 거대한 사회이고 소셜미디어는 나름의 질서와 촘촘한 규범으로 돌아가는 거대한 네트워크다. 인터넷 덕분에 "누구나 더 쉽게, 더 평등하게" 데모를 조직할 수 있다는 발상은 무지 혹은 오만인 것이다.

사상적 리더십과 테크놀로지적 리더십

디지털 테크놀로지와 정보 네트워크는 데모에 변화의 바람을 불어넣었다. 하지만 그 방향성이 수직적 리더십이 수평적 관계성으로 대체되는 "진보"가 아니라는 사실을 직시할 필요가 있다. 이전에는 사상과 이데올로기가 리더십의 중심축이었다면, 지금은 디지털 기술의 활용 능력과 네트워크의 영향력이 중심축이 되는 방향으로 "권력 재편"이 일어나고 있다고 보는 것이 타당하다. 왕정이 해체되고 공화정이 들어서는 혁명적 변화가 아니라, 이 당에서 저 당으로 정권 교체가 일어나는 정도의 변화라고 보아야 할 것이다.

이전의 데모는 엘리트적 지도자가 이끌고 군중이 이에 따르는 관계 속에서 실천되었다. 사회의 나아갈 방향에 대한 사상적 고민이 운동의 철학적 근간을 이루었고, 명쾌한 논리와 활동가들의 윤리적 깨끗함이 시민 행동을 설득하고 조직하는 전략이었다. 이런 운동 방식을 "사상적 리더십"이라고 말하자.

이에 비해 새로운 데모는 테크놀로지와 정보 네트워크를 중심으로 재편되고 있다. 이 데모를 이끄는 주체는 기술을 잘 활용할 줄 아는 테크니션이다. 여기서 기술자가 아니라 테크니션이라고 표현한 점에 주목할 필요가 있다. 기술을 창조하고 개발하는 프로그래머보다는, 기술을 이해하고 활용할 줄 아는 크리에이터가 새로운 리더십의 중심적 존재이다. 기술에 대한 지식에 못지않게 네트워킹 감각이 중요하고, 유머 감각이나 위트와 같은 감성적 창조성도 큰 역할을 한다. 이런 새로운 방식을 "테크놀로지적 리더십"이라고 할 수 있을 것 같다.

테크놀로지적 리더십을 중심으로 하는 운동은 이전의 수직적인 질서에 비해서 개방적이지만 수평적인 것은 아니다. 누구나 소셜미디어에 계정을 만들 수 있지만, 누구나 그 속에서 영향력을 갖는 것은 아니다. 온라인 공간으로 확장 가능한 지인 네트워크가 탄탄하거나, 혹은 순식간에 사람들의 눈을 사로잡을 수 있는 감각이 있어야 하는데, 이는 쉬운 일이 아니다. 정보 네트워크 속에는 그에 걸맞은 사교성과 콘텐츠 감각을 갖춘 "능력자"가 존재한다. 이전에는 학력이나 직업, 연령 등이 엘리트 지도자를 만들었다면, 지금은 디지털 테크놀로지에 대한 지식과 활용 노하우, 네트워킹 능력 등이 능력자를 만든다. 모든 사람에게 열려 있는 방법은 결코 아닌 것이다.

디지털 테크놀로지와 정보 네트워크 자체가 정치적으로 중립적인 플랫폼이 아니라는 사실도 고려할 필요가 있다. 앞선 장에서 소개했듯이, 데모 일시에 맞춰 시스템 점검을 연기하는 등의 방법으로 트위터가 아랍의 봄 운동을 지원한 선례가 있다. 즉, 인터넷 플랫폼의 협조 여부에 의해 그 위에서 판을 벌이고 있는 데모가 결정적인 영향을 받을 수 있다는 것을 시사한다. 소셜미디어 역시 기업이 운영하는 서비스 상품인 만큼, 시민 행동의 플랫폼으로서 불완전한 부분이 많다는 사실을 받아들일 필요가 있다.

테크놀로지적 리더십의 등장으로 데모는 근본적이고 광범위한 변화를 겪고 있다. 단순히 데모의 스타일이나 조직 방법론뿐 아니라, 데모 속에서 제기되는 과제 역시 이의 영향을 받고 있다. 이 문제에 대해서는 한국 사회의 사례를 통해 좀 더 구체적으로 살펴보자.

"큰 운동"과 "작은 운동"

한국에서 데모는 사회적 변혁을 이끌어내는 힘이었는데, 이 반복되는 역사 속에서 시민들이 끊임없이 부르짖은 것은 민주주의라는 정치적 이상형이었다. 해방 이후, 사회적 혼란과 군사정권을 수십 년 동안 경험한 한국 사회에서는, 민주주의를 바로 세우겠다는 열망이야말로 수백만, 수천만 명의 시민을 응집시키는 저력이었다. 그런데 이 강렬한 키워드는 동시에 약점도 품고 있었다. 민주주의라는 큰 목표에 몰두한 나머지 개별적인 사회 문제를 경시하는 풍조가 정착해버렸다는 점이다.

민주주의는 사회를 운영하는 중요한 원칙임에는 틀림없지만, 제도가 존재하는 것만으로 운영의 민주성이 확보되는 것은 아니다. 민주적 선거를 통해 정당성을 확보한 정권이 부패하고 전횡하는 경우에는, 민주주의가 제대로 서지 않았을 때보다 더 해결하기 어려운 문제가 불거질 수 있다. 이 때문에 민주주의 사회의 시민은 할 일이 많다. 사회가 제대로 돌아가고 있는지 감시해야 하고 끊임없이 문제를 제기할 필요도 있다. 민주주의를 제대로 세우기 위한 "큰 운동"에 못지않게 사회 시스템이 잘 돌아가고 있는지 감시하고 문제를 제기하는 "작은 운동"이 중요한 것이다.

서구의 시민운동은 좋은 대비가 된다. 미국에서는 민주주의를 제대로 세운다는 목표의 "큰 운동"은 일찌감치 자취를 감추었고, 대신 지역공동체에 관련해 문제를 제기하고 해결하는 "작은 운동"을 중심으로 시민운동이 정착되었다. 운동 방식도 투표나 데모뿐 아니라, 공동체나 비영리 조직을 통해 의회정치에 영향을 끼치는 로비 활동, 사회적 기업을 통한 활동 등 다양한 루트를 통해 다양한 방식으로 정착되었다.

앞선 장에서 소개한 영국의 "거리를 되찾자" 데모는 "작은 운동"의 대표적인 사례이다. 자동차가 독점한 도로를 사람들의 공간으로 되돌릴 필요가 있다는 생각에 동의하는 사람들이 모여 야단법석을 떠는 "가벼운" 데모였다. 사회를 변혁한다는 거창한 목적의 운동이 아니라 사소하고 소박한 문제 제기였다. 하지만 이런 작고 가벼운 데모를 통해 다양한 목소리가 표출되고, 새로운 사회 문제가 공론화되거나, 해결책을 모색하는 건강한 흐름이 생기기도 한다. 실제로 "거리를 되찾자" 운동은 상품과 광고로 점령된 공공장소를 시민에게 되돌려주어야 한다는 주장이 공감을 얻어, 유럽 전역과 오세아니아

지역으로 확산된 바 있다.

한국에서는 민주화를 위해 연대한 "큰 운동"이 오래 계속되면서 이런 "작은 운동"은 중요도에서 뒤로 밀려버렸다. 한국 사회의 역사적 배경에서 비롯된 결과이니 그 자체로 비판할 것은 아니지만, "데모=민주화 운동"이라는 고착된 인식을 극복해야 한다는 새로운 과제를 떠안게 되었다는 사실을 인식할 필요가 있다.

개별적인 문제의 해결이 뒤로 미루어지는 것보다, 민주화 제도가 성립된 이후에는 데모가 필요하지 않다고 느끼는 상황이 더 큰 문제일지도 모른다. 한국 사회는 민주주의에 대한 열망은 높지만 개별적인 사회 문제를 제기하는 "작은 운동"에 대한 반응은 냉담한 편이다. 지엽적인 문제 제기 역시 민주주의의 중요한 요소라는 것을 깨닫지 못하고 "언제까지 문제를 거리에서 해결하려고 하느냐?"라는 식으로 배척하거나, 혹은 정권 교체와 관련된 "큰 운동"의 진영 논리로 재빨리 환수해버리려는 경향이 강하다. 정치인들이 툭하면 뿌리 깊은 이데올로기 논쟁을 불러일으키는 것이나, 일부 시민이 이런 주장에 쉽게 납득하고 마는 것도 "작은 운동"의 경시 풍조와 관련되어 있다고 생각한다.

소셜미디어와 "작은 운동"

2013년 "안녕들 하십니까" 대자보 릴레이는 "큰 운동"으로 머릿속이

꽉 차 있던 한국 시민 사회가 드디어 "작은 운동"의 중요성을 깨닫는 계기였다. 공교롭게도 같은 시기 서구 시민 사회는 "작은 운동"만으로는 세계화와 신자본주의라는 거대한 적과 싸울 수 없음을 알아채고 다시금 "큰 운동"의 필요성을 깨닫기 시작했다. 이 교차하는 흐름의 배경에는 격변하는 디지털 테크놀로지와 정보 네트워크가 있었다. 사회 틈새에 자리한 다양한 이슈에 천착하는 "작은 운동"과 테크놀로지적 리더십의 궁합은 나쁘지 않은 편이지만 과제도 있다.

소셜미디어는 다양한 문제 제기가 비교적 용이해 "작은 운동"이 구체화하는 공간으로 잠재력이 있다. 하지만 많은 이의 행동을 이끌어내는 집중된 공감대를 창출하기 어렵다. 문제가 가시화되더라도, 구체적 행동을 촉구하는 안건으로 발전시키기가 어려운 것이다.

예를 들어, 트위터에서 여성 차별에 관한 사례가 고발된다고 하자. 금방 이를 규탄하는 분위기가 만들어지지만, 한편으로는 그 사례가 왜 여성에 대한 차별인지 납득할 수 없다는 이견도 제기된다. 이윽고 분위기는 일변해서, 여성 차별에 어떻게 대항해야 하는가에 대한 논의가 아니라, 무엇이 여성 차별인지에 대한 논쟁으로 번진다. 일각에서는 여성 차별뿐 아니라 남성 차별도 있다는 문제가 제기되면서 논쟁의 범위는 더 넓어진다. 모두 남성, 여성, 혹은 차별이라는 키워드로 의견을 교환하고 있기는 하지만, 실은 전혀 다른 사회적 문제에 대한 논쟁이 중구난방으로 돌출한다. 이런 상황이 계속되다 보면,

한참 동안 무언가에 대해 의견 교환을 한 것 같기는 한데, 도대체 누가 적이고 누가 아군인지 알 수 없고 결국은 무엇이 문제인지, 무엇에 대해 논의 중인지조차 흐지부지되는 것이다.

실제로 소셜미디어 속에서는 여성 차별이나 과잉 노동 문제, 성적 소수자에 대한 편견 등 다양한 이슈가 상시적으로 터져 나온다. 하지만 이런 목소리들이 실제의 "작은 운동"으로 전개되는 상황은 매우 드물고, "여성 혐오"나 "남성 혐오", "성적 소수자 혐오" 등 극단적인 이야기만 부각되는 상황이 벌어진다. 소셜미디어에서 상시적으로 불거지는 논쟁을 보다 보면, 트위터에서 시작된 일본의 반원전 데모나 웹사이트에서 시작된 "월스트리트를 점령하라" 데모가 신기하게 느껴질 정도이다.

소셜미디어가 개별 사안에 대한 문제를 제기하는 "작은 운동"의 구심점으로서 가능성을 갖고 있는 것은 분명하다. 이를 실질적인 운동으로 발전시키는 힘은 과거와 같은 결연한 문제의식, 동지와 함께하겠다는 굳건한 연대감이 아니다.

그보다는 사회 문제에 대한 지적 호기심이나 정체불명의 불안감이 동기가 된다. 소셜 네트워크에 존재하는 사회관계의 인력 때문에, 아니면 막연하게 "재미있을 것 같다"는 기대감에 이끌려 운동에 참여하는 경우도 많다. 선택적 문제의식과 개별적인 사회관계에서 비롯된 느슨한 연대감의 기폭제가 되는 것은 디지털 테크놀로지를 이용한 다양한 창조성, 개개인에게 열린 표현의 가능성이다.

　3D 홀로그램을 활용한 유령 시위대는 창의적인 표현력이 저력을 발휘한 상징적 사례였다. 한쪽에서는 온라인 공간을 거점으로 시민운동을 조직해온 네트워커 "노 소모스 델리토"가 참가를 독려했고, 다른 한쪽에서는 3D 홀로그램을 활용한 동영상 기술을 중심으로 뭉친 전문가 그룹이 화려하고 위트 있는 표현을 통해 데모를 실현했다. 3D 홀로그램 기술 덕에 그런 창의적인 표현이 가능했던 것도 사실이지만, 거꾸로 기술의 전문성이 높았기 때문에 폐쇄적이었던 점은 한계였다. 일회성 홍보 캠페인으로는 대성공이었지만 지속적인 시민운동의 흐름을 만들어내기에는 역부족이었다. 홀로그램 데모는 인터넷의 개방성과 유연성을 활용해 네트워킹을 확대했지만, 여기에 더 많은 주체의 창의성을 이끌어낼 수 있는 기회는 없었다.

　그런 면에서 "안녕들 하십니까" 대자보 릴레이가 보여준 지속적이고 창의적인 연대 방식은 매우 흥미롭다. 디지털 테크놀로지와 인터넷의 리믹스 문화를 효과적으로 활용해 연쇄적인 집합 표현을 만들어냈고, "작은 운동"의 수많은 구심점이 만들어졌다. 인터넷이 만들어낸 새로운 질서 속에서 테크놀로지적 리더십이 훌륭하게 발휘된 사례였다.

나가며: "큰 운동"과 "작은 운동"이 교차하는 곳

김경화

"즐거운 데모"에 주목하다

2017년 촛불집회 때 난생처음으로 데모라는 것에 참가해본 한 젊은 이가 이런 말을 했다. "데모는 무서운 줄만 알았는데, 의외로 즐거웠다." 어떤 젊은이는 이렇게 말하기도 했다. "촛불집회를 데모라고 해도 괜찮은가? 사람들은 싸우기 위해서가 아니라 주장하기 위해 나왔다." 평범한 표현이지만, 실은 정곡을 찔렀다.

한국에서 데모라고 하면 투쟁적인 인상이 강하다. 실제로 데모 현장은 무서웠다. 데모대와 경찰이 몸을 부딪치며 싸움을 벌였고 와중에 사상자도 심심치 않게 나왔다. 데모 현장은 돌멩이와 최루탄이 날아다니는 위험한 곳이었고, 까딱 잘못하면 감방 신세를 질지도 모르는 곳이었다. 나쁜 짓을 하지 않았어도 데모대 근처에 있다가 경찰 모습이 보이면 우선 줄행랑을 쳐야 했다. 폭력이 난무하고 숨 가쁜 그 현장에 무슨 즐거움이 있겠는가? 와중에 즐거운 순간이 있었다고 하더라도(데모 현장에서 옛 친구와 조우했다든가, 마음에 드는 이성과 사귀

게 되었다든가 하는 도시 전설이 있었다.) 엄중한 시국 비판과 근엄한 윤리
주의가 지배하는 분위기 속에서 "데모가 즐겁다"는 말을 입에 올리
기는 어려웠을 것이다.

촛불집회의 분위기는 무섭기는커녕 즐거웠다. 광장에 모인 데모
대는 공동체적 분위기 속에서 가족과 함께 걷고, 연인과 손을 잡았
으며, 위트가 넘치는 깃발과 구호를 읽으며 웃음을 터트리기도 했다.
유머 감각이 넘치는 정치 구호를 함께 외치고, 무대에 선 연예인과
함께 노래도 했으며, 맛있는 어묵 국물도 마셨다. 데모 현장에서 세
속적이고 쾌락적인 즐거움을 만끽했다. "촛불집회는 데모가 아니라
집회"라는 젊은 참가자의 주장은, 이전의 데모에서는 눈을 씻고도
찾아볼 수 없었던 "즐거움"이라는 키워드가 주는 이질감에서 비롯
되었을 것이다.

데모와 사회운동의 메커니즘과 관련해서는 다양한 연구가 이루어
져왔는데, 많은 이론들이 "즐거움"과는 도통 거리가 먼 이야기를 한
다. 예를 들어, 시민이 데모에 참가하는 것은 사회의 민주화 정도가
낮기 때문이라든가, 정치조직의 힘이 강하기 때문이라는 등의 이론
이 있다. 사회 문제를 인식하는 틀이 중요하다는 프레이밍 이론, 사회
문제의 심각성보다도 윤리적 질서의 침해에 더 분노하는 경향에 주
목하는 모럴 이코노미 이론 등 폭넓고 다양한 관점의 연구가 있었다.

요컨대 이런 이론들은 정치가들이나 시민운동 활동가들에게는

도움이 될지 몰라도, 느슨하고 자유로운 연대로 데모에 참가하는 시민들의 경험을 잘 설명한다는 생각은 안 든다. 어쩌면 이런 이론들은 근본적으로 "데모는 심각한 일"이라는 생각을 바탕으로 하고 있을지도 모른다. 데모를 조직하는 입장에서 보든 데모에 참가하는 입장에서 보든 "즐거운 데모"는 새로운 현상이다.

앞서 "큰 운동"과 "작은 운동"에 대해 말했다. "큰 운동"은 사회 전체에 관여되는 거시적이고도 중요한 사안에 대한 운동이다. 큰 사안인 만큼 문제는 심각할 수 있고, 영향을 미치는 범위도 넓다. 그에 비해 "작은 운동"은 개별 지역과 사안에 관한 운동이다. 함께하는 시민들의 주체 의식은 높지만, 같은 직업이나 성별로 연대하는 "큰 운동"에 비해서 소속감은 옅다. 예컨대, 19세기 여성의 참정권을 요구한 사회운동은 "투표권이 없는 여성"이라는 동일하고 굳건한 정체성을 기반으로 전개되었다. 하지만 요즘 활발한 직장 내 미투 운동은 사안에 따라 이해관계가 다양하다. 여성이 공감하기 쉬운 것은 사실이지만, 남성이 문제를 제기할 수도 있고, 여성이라고 해서 항상 의견이 일치하는 것도 아니다. 이렇게 주체적이지만 다양한 정체성을 가진 개인을 이어줄 고리가 어쩌면 이 "즐거운 데모"일지도 모른다.

"데모=민주화 운동"이라는 이미지가 고착되어 "작은 운동"에 대한 사회적 인식이 정착되지 않았던 한국의 사례에서 알 수 있듯, "큰 운동"과 "작은 운동"의 관계는 상호 의존적이지 않다. 한국에서처럼

"큰 운동"이 "작은 운동"을 방해하는 경우도 있고, 사안에 따라서는 "작은 운동"이 "큰 운동"과 서로 대립하기도 한다. 목표하는 바가 민주화이든 지역의 소소한 쓰레기 문제이든, 모든 운동의 주체는 개인이다. "큰 운동"과 "작은 운동"이 서로 상호 협력적이 되는 열쇠 역시 개인이 쥐고 있다. 집단행동 속에서 개인이 느끼는 "즐거움"에 주목할 가치가 있는 것이다.

촛불집회의 가장 큰 특징은 세속적 즐거움을 준다는 점이다. 이전의 정치투쟁 속에서 추구되어 온 추상적, 규범적 만족감과는 차원이 다른 종류의 즐거움이다. 신체적 해방감, 대중적 소비문화와도 맞닿은 구체적 쾌감, 창의적 표현 행위가 주는 만족감 등이 즐거움을 설명하는 키워드이다. 즐거움의 내용을 구체적으로 들여다보자면 그 정체는 더 복합적이고 사회적이다. 역사가 바뀌는 현장의 한가운데 있다는 뿌듯함, 같은 생각을 가진 사람들과 함께한다는 안도감, 소셜미디어에 올린 현장 사진에 바로바로 반응이 느껴지는 쾌감 등 다양한 종류의 즐거움이 존재한다. 소셜미디어에서 법석을 떨면서 데모에 참가할 것을 결의하고 아이디어를 제안하는 집합적 창조성의 핵심 역시 즐거움이다. 사실 이런 쾌락적 심리 상태는 시민 사회나 사회운동에 대한 연구자보다는 미디어와 공동체의 연구자들에게 더 익숙한 종류이다. 미디어를 이용해 제작을 하고, 누군가와 소통을 하고, 결국은 창작을 매개로 친밀한 사회적 관계망을 늘려나가

2016년 11월 26일 광화문 촛불집회에서는 다채로운 깃발 아래 다양한 목소리가 표출되었다 (촬영: 김경화).

는 이런 활동들의 정서와 맞닿아 있다.

데모는 세상을 바꾸는 유일한 방법이 아니며, 어쩌면 최선의 방법도 아니다. 하지만 누구나 쉽게 참여할 수 있다는 점에서 진입 장벽이 낮은 방법임에는 틀림없다. 이 책에서 발견한 데모라는 미디어는 테크놀로지와 소셜 네트워크에 기반을 둔 집합적으로 즐거움을 실천하는 플랫폼이었다. 그 즐거움 속에 시민운동의 새로운 방법론이 있을지도 모른다.

데모가 세상을 바꿀 수 있을까

1995년 2월 13일 자 《한겨레신문》에 프랑스 출신 사회학자 알랭 투렌의 인터뷰가 실렸다. 투렌은 민주주의의 현대적 형태에 대해 관심을 갖고 꾸준히 발언해온 저명한 학자인데, 특히 시민들이 자발적으로 나선 사회운동의 중요성에 대해 역설해왔다. 《한겨레신문》의 인터뷰에서 한국 사회에 대해 직접 언급한 내용이 흥미롭다.

투렌은 한국을 "유럽 이외의 곳에서 전형적인 유럽 방식으로 민주화를 이룩한 희귀한 예"라고 평가했다. 한국은 군사정권의 탄압 속에서도 노동운동과 학생운동이 끊인 적이 없었고 결국 이 정치적 저항을 지지하는 시민 세력이 앞장서 민주화를 이룩했다. 자발적인 민중의 힘으로 민주주의를 바로 세웠다는 점에서, 한국은 프랑스나 영국, 미국 등과 어깨를 나란히 하는 민주주의 사회라는 것이다.

한편 비민주주의적인 사회의 대표적 사례로는 일본을 거론했다. 일본 사회는 거대 자본과 정치적 파벌이 견고하게 결합되어 있어 변화를 갈망하는 사회적 요구가 전면적으로 봉쇄되는 "변화가 불가능한 사회"라는 것이다.

정말 그럴지도 모른다. 한국은 끈질긴 데모를 통해 세상을 바꾸는 경험을 몇 차례나 했다. 실제로 많은 시민이 데모의 당사자였고 앞으로도 "여차하면" 데모로 세상을 바꿀 수 있다는 희망적 인식을 갖고 있다. 그에 비해 일본에서 데모를 말하면 어김없이 "데모가 세상을 바꿀 수 있는가?"라는 회의적인 질문이 되돌아온다. 그도 그럴 것이 일본 사회는 데모가 세상을 바꾸기는커녕, 바꿀 수 있다는 예감조차 경험한 적이 별로 없다.

실제로 두 사회의 변화에 대해 조사하는 입장에서 말하자면, "데모 정도로 세상이 바뀌겠는가?"라는 회의적인 생각도, "여차하면 데모로 세상을 바꿀 수 있다."는 희망적인 신념도, 그저 세상 사람들의 인식일 뿐이라는 생각이 든다.

데모의 힘이 미미한 것은 사실이지만 일본 사회도 끊임없이 변화해왔고, 그 방향성이 늘 "반시민적"이었던 것은 아니다. 지진 등 자연재해가 잦다는 특징도 일본 사회에 영향을 미쳤지만, 그럼에도 지역 사회에 단단히 뿌리내린 시민운동이 활발하게 이뤄지고 있다. 사회의 큰 틀을 바꾸는 데에는 소홀했을지 모르나, 시민운동은 공동체의 신뢰를 받고 있고 전문성도 있다. 사회적 모순을 해결할 수 있는 단초가 완전히 사라진 것은 아니라는 뜻이다.

한편 한국은 데모를 통한 정권 교체는 몇 번이나 이루었지만, 각론에 있어서는 문제를 잔뜩 안고 있다. 서울에 비해 지방은 소외되어 있고, 조직 문화는 권위적이며, 약자에 대한 차별과 편견을 정당화하는 구습이 건재하다. 민주주의 제도는 바로 섰지만, 민주주의의 운영 가치가 일상 속에서 실현되는 상황은 요원하다. 데모로 정권을 바꾼다고 오래된 문제들이 자동으로 해결되지는 않는 것이다.

"여차하면 데모로 세상을 바꿀 수 있다."라는 한국 사회의 믿음은 데모를 통해 정권 교체를 이루었다는 성취감의 표현이다. 내가 참가한 데모로 인해 권력이 교체되는 순간이라니, 역사의 중심에 서 있는 뿌듯한 기분이 드는 것도 무리는 아니다. 어느 순간엔가 그 기분은 실망감으로 변할지 모른다. 개인의 삶에 직접적으로 영향을 미치는 것은 내가 사는 지역이나 속해 있는 조직, 혹은 개인을 사회적으로 인식시키는 정체성 등등에 관련한 개별적이고 세부적인 문제이다. 이런 문제는 정권 교체만으로는 해결할 수 없다.

데모와 관련한 한국과 일본의 상반된 인식을 통해 알 수 있는 것은 결국 세상을 더 나은 곳으로 바꾸어가는 것이 그리 간단하지 않다는 사실이다. 민주주의 제도를 바로 세우고 사회가 나아갈 방향성을 결정하는 "총론"뿐 아니라, 개별 지역과 조직, 다양한 주체에 관련한 "각론"이 조화로운 톱니바퀴처럼 함께 움직일 필요가 있다. 앞서 거론한 개념으로 바꾸어 말하자면, 시민 사회의 거시적인 문제에 관련한 "큰 운동"과 개별 문제에 관련한 "작은 운동"을 함께 실천해야 하는 것이다.

자기반성적 시점에서 말하자면, 알랭 투렌이 한국은 민주적, 일본은 비민주적이라고 단언한 것은 어디까지나 그 시대의 사고방식이다. 1990년대는 서구 사회에서 "큰 운동"은 자취를 감춘 반면, 지역 공동체를 중심으로 개별 문제를 제기하는 "작은 운동"은 본격화되기 전이었다. 침체된 시민운동의 시기에 보란 듯이 "큰 운동"을 성공시킨 한국 사회가 희망적으로 보였던 것도 무리는 아니다. 미래 사회에 걱정이 많은 노장의 사회학자가 한국 사회의 민주화 운동을 높이 평가해준 것은 고마운 일이다. 다만 서구 사회에서 스러져가는 시민운동의 미래를 아시아의 후발 민주주의 국가에서 찾아보려는 그런 낭만적인 평가에 도취될 필요는 없을 것이다.

데모가 세상을 바꿀 것인가? 온전히 "그렇다"고 대답할 만한 근거는 아직 없다. 하지만 한국 사회가 실천적으로 예시해왔듯이 데모는 "큰 운동"의 가시적 성과일 뿐 아니라 "작은 운동"의 잠재적 방법론이다. 새로운 미디어 환경 속에서 시의적절하고 때로는 효과적으로, 혹은 더 즐겁게 사회를 바꿀 수 있는 이 방법론을 어떻게 발전시켜나갈 것인가? 우리가 탐구해야 할 새로운 질문이다.

참고 문헌 및 자료

1. 각 장별 참고 문헌과 자료순으로 기재했다.
2. 국내 문헌은 가나다순, 해외 문헌은 영어 문헌에 이어 일본어 문헌을 알파벳 표기순에 따라 기재했다.
3. 번역본을 참조한 경우, 원본을 기재하고, 각 장의 참고 문헌이 중복된 경우에는 앞선 장에만 기재했다.
4. 본문에 인용한 기사 혹은 콘텐츠는 웹사이트의 개별 주소를 명기했고, 간접적으로 참고한 인터넷 사이트는 2018년 2월 28일 기준, 액세스 가능한 주소를 명기했다.

들어가며

国立歴史民俗博物館編(2017).『企画展示「1986年」無数の問いの噴出の時代』歴史民俗博物館振興会

제1장

미하일 바흐친 (1988).『도스토예프스키 시학』. 김근식 옮김. 서울: 정음사.

오구라 에이지 (2012=2014).『사회를 바꾸려면: 세상은 저절로 좋아지지 않는다, 행동하라』. 전형배 옮김. 서울: 동아시아

Lefébvre, G. (1934=2007). *Foules Revolutionnaires, Centre International de Synthese*.

Meyer, D. & Tarrow, S. (eds.) (1997). *The social movement Society: Contentious Politics for a new century*. Lanham: Rowman & Littlefield.

Rude, G. (1959=1996). *The Crowd in the French Revolution*, Oxford Univerisity Press.

Townshend, C. (2002=2003). *Terrorism: A very short introduction*, Oxford
　　University Press.

伍野井郁夫 (2012).『「デモ」とは何か：変貌する直接民衆主義』東京：NHKブックス.

伊藤昌亮 (2011).『フラッシュモブズ—儀礼と運動の交わるところ』東京：NTT出版.

田辺俊介編 (2014).『民主主義の機器—国際比較調査から見る市民意識』東京：勁草書房.

제2장

Tarrow, S. (2011). *Power in movement: Social movements and contentious politics.*
　　Revised ad updated third edition. Cambridge University Press.

2008년 촛불 시위 위키 사이트

　　〈ko.wikipedia.org/wiki/2008년_대한민국_촛불_시위〉

　　〈namu.wiki/w/2008년퍼센트20촛불집회〉

2016~2017년 박근혜 퇴진 촛불집회 위키 사이트

　　〈ko.wikipedia.org/wiki/박근혜_대통령_퇴진_운동〉

　　〈namu.wiki/w/박근혜%20퇴진%20범국민행동〉

　　〈namu.wiki/w/박근혜%20탄핵%20반대%20집회〉

　　〈ko.wikipedia.org/wiki/박근혜_대통령_탄핵_반대_시위〉

제3장

古谷ツネヒラ (2012).『フジテレビデモに行ってみた！—大手マスコミが一切報道できなかっ
　　たネトデモの全記録』青林堂.

毛利嘉孝(2009).『ストリートの思想—転換期としての1990年代』東京：日本放送出版協会.

二木信・松本哉編 (2008).『素人の乱』東京：河出書房新社.

2典プロジェクト(2002).『2典—2ちゃんねる辞典』ブッキング.

2011年フジテレビ講義デモ（후지TV 항의 데모）위키 사이트

〈ja.wikipedia.org/wiki/フジテレビ抗議デモ〉

〈ja.wikipedia.org/wiki/2011年のフジテレビ騒動〉

2012년 타임지 올해의 인물 사이트

〈www.time.com/time/person-of-the-year/2011/〉

「さよなら原発1000万人アクション 脱原発・持続可能で平和な社会をめざして」(원전과의 결
별을 위한 1000만인 행동: 탈원전, 지속 가능한 평화 사회를 위해) 웹사이트

〈sayonara-nukes.org〉

「.@TWITNONUKESツイッター有志による反原発デモ」(.@TWITENONUKES 뜻있는 트
위터리안의 반원전 데모) 사이트

〈twitnonukes.blogspot.kr〉

제4장

Bey, H. (1991). *T.A.Z.: The Temporary Autonomous Zone, Ontological Anarchy Terrorism Autonomedia, Poetic*.

Klein, N. (2000=2001). *No logo: Taking aim at the brand bullies*. Vintage Canada.

Klein, N. (2002=3002). *Fences and windows: Dispatches from the front lines of the globalization debate*. Picardor.

Jordan, T. (2002). *Activism! Direct action, Hacktivism and the future of society*. Reaktion Books

Lasn, K. (2000=2006). *Culture Jam: How to reverse America's suicidal consumer binge-and why we must*. Harper Paperbacks.

McKay, G. (1998). *DIY Culture: Party& Protest in Ninties Britain*. Verso.

DeMusik Inter. 編 (2005). 『音の力〈スロリート〉占拠編』インパクト出版会.

北沢洋子 (2003). 『利潤か人間か──グローバル化の実態と新しい社会運動』コモンズ.

塚越健司 (2012). 『ハクティビズムとは何か──ハッカーと社会運動』ソフトバンククリエイティブ.

吉見俊哉·北田曉大編 (2007). 『路上のエスノグラフィ――ちんどん屋からグラフィティまで』 せりか書房.

『現代思想 2011年4月臨時增刊号 総特集アラブ革命―チュニジア·エジプトから世界へ』 (2011年3月)青土社.

「週刊MDS Movement for Democratic Socialism 民主主義的社会主義運動」, 〈www. mdsweb.jp〉

어큐파이 운동 관련 사이트

「OccupyWallStreet: We are the 99 percent」, 〈occupywallst.org〉

「Occupy Wall Street」, 〈en.wikipedia.org/wiki/Occupy_Wall_Street〉

「Occupy movement」, 〈en.wikipedia.org/wiki/Occupy_movement〉

「Occupy Together」, 〈www.facebook.com/OccupyTogether〉

아랍의 봄 관련 사이트

「6 APRIL YOUTH MOVEMENT」, 〈6april.org/〉

「We are all Khaled Said」, 〈www.facebook.com/elshaheeed.co.uk/〉

인디그나도스 운동 관련 사이트

「15 October 2011 global protests」, 〈en.wikipedia.org/wiki/15_October_2011_global_protests〉

「¡Democracia Real Ya!」, 〈en.wikipedia.org/wiki/¡Democracia_Real_YA!〉

제5장

김경화 (2013). 『세상을 바꾼 미디어』. 서울: 다른.

염석종, 박정수, 이현준, 진은정 (1989). 「大字報文化의 民衆生에 대한研究―媒体的特徵을 중심으로」. 성균관대학교 신문방송학과 (편). 『신문방송학보』. 56~66쪽.

오연호 (2004). 『대한민국 특산품, 오마이뉴스』. 서울: 휴머니스트.

Downing, J. (2003). "Audiences and Readers of Alternative Media: The Absent Lure of the Virtually Unknown". *Media, Culture & Society*. 25: 625~645.

Downing, J., Ford, T. V., Gil, G. and Stein, L. (2001). *Radical media: Rebellious communication and social movements*. Thousand Oaks: Sage.

玄武岩(2005).『韓国のデジタル・デモクラシー』集英社.

今津泉(2001).『アジアからのネット革命』岩波書店.

韓国の労働者・学生運動刊行委員会編訳(1985).「〈ルポと対談〉韓国学生運動のいま」『韓国の学生はいま』柘植書房, 75~150頁.

ISSP Research Group (2016): International Social Survey Programme: Citizenship II - ISSP 2014. GESIS Data Archive, Cologne. ZA6670 Data file Version 2.0.0, doi:10.4232/1.12590

ISSP Research Group (2012): International Social Survey Programme: Citizenship - ISSP 2004. GESIS Data Archive, Cologne. ZA3950 Data file Version 1.3.0, doi:10.4232/1.11372

ISSP Research Group (2008): International Social Survey Programme: Role of Government IV - ISSP 2006. GESIS Data Archive, Cologne. ZA4700 Data file Version 1.0.0, doi:10.4232/1.4700

2013년 12월 15일 자《한겨레신문》"첫 대자보 붙인 주현우 씨 '반응 이렇게 뜨거울 줄…'" 〈www.hani.co.kr/arti/society/society_general/615446.html〉

1980년 5월 2일 자《동아일보》7면 "學生여론을 主導大學街大字報"

안녕들 하십니까 페이스북 페이지 〈https://www.facebook.com/cantbeokay/〉

제6장

Applebaum, A. "In Moldova, the Twitter Revolution That Wasn't," *The Washington Post*, April 21, 2009

Rheingold, H. (2002). *Smart mobs: The next social revolution*. Basic Books.

伊藤昌亮(2011).『フラッシュモブズ―儀礼と運動の交わるところ』東京：NTT出版

田中宇「ソーシャルメディア革命の裏側」『田中宇の国際ニュース解説 世界はどう動いているのか』(2011年3月7日) www.tanakanews.com/110218net.htm

津田大介 (2012). 『動員の革命―ソーシャルメディアは何を変えたのか』東京:中央公論新社.

각국의 수셜미디어 혁병 관련 웹사이트

「2009 Moldova civil unrest」, ⟨en.wikipedia.org/wiki/2009_Moldova_civil_unrest⟩

「Timeline of the 2009 Iranian election protests」, ⟨en.wikipedia.org/wiki/Timeline_of_the_2009_Iranian_election_protests⟩

「Otpor!」, ⟨en.wikipedia.org/wiki/Orpor!⟩

「Colour revolution」, ⟨en.wikipedia.org/wiki/Colour_revolution⟩

「Alliance of youth movements」, ⟨en.wikipedia.org/wiki/Alliance_of_Youth_Movements⟩

제7장

홀로그램 데모 관련 웹사이트

「Hologram for freedom-Case study」, ⟨vimeo.com/128477516⟩

「Hologram for freedom」, ⟨www.hologramasporlalibertad.org/⟩

「No Somos Delito/ We are not crimes」, ⟨www.cadtm.org/No-Somos-Delito-We-Are-Not-Crime⟩

나가며

1995년 2월 13일 자《한겨레신문》5면 "'사회운동' 없인 민주주의도 없다. 21세기를 듣는다, ③알랭 투렌"

본문에 실린 사진 저작권 표시

- 광화문 촛불집회에 나온 엄마와 어린이 © 김경화, 2016년, p21.
- 도쿄 신주쿠 성차별 반대 집회 풍경 © 김경화, 2018년, p23.
- 청와대로 행진하는 촛불집회 시위대 © 김경화, 2016년, p37.
- 도쿄 신주쿠에 모인 반원전 시위대 © 이토 마사아키, 2011년, p59.
- 도쿄 신오쿠보에서 벌어진 험한 시위 현장 © 이토 마사아키, 2013년, p83.
- 월스트리트를 점령하라" 시위대가 퇴거한 주코티 공원 풍경, 데이비드 섕크본에 의해 CC-BY 라이선스(저작자 표시)로 배포, 2011년, p87.
- 핀란드 헬싱키 중심가의 데모대 © 김경화, 2013년, p115.
- "안녕들 하십니까" 손글씨 대자보, 페이스북 아이디 Salamander724에 의해 퍼블릭 도메인으로 배포, 2013년, p117.
- 고려대 교정의 대자보 풍경 © 박용수, 민주화운동기념사업회 제공, 1990년, p132, 왼쪽.
- 서울대 교정의 활자 대자보 © 김경화, 2009년, p132, 오른쪽.
- 카이로 타흐리르 광장의 데모대, 조너선 라샤드에 의해 CC-BY 라이선스(저작자 표시)로 배포, 2011년, p147.
- 광화문에서 펼쳐진 홀로그램 집회 풍경 © Amnesty International, 2016년, p179.
- "2.24 앰네스티 유령 집회"의 준비 장면 1, 2 및 광화문 상영 장면 © Amnesty International, 2016년, p188, 위, 중간, 아래.
- 광화문 촛불집회에 등장한 다채로운 깃발 © 김경화, 2016년, p207.

찾아보기

김경화 金暻和

서울대학교 인류학과를 졸업했다. 일본 도쿄대학교에서 학제정보학 석사·박사 학위를
받고 현재 일본 칸다외국어대학 준교수(부교수)로 일하고 있다. 『세상을 바꾼 미디어』, 『휴
대폰의 문화인류학』(일본어) 책을 쓰고, 모바일미디어와 네트워크 문화에 대한 논문을 여
러 편 발표했다.

이토 마사아키 伊藤昌亮

일본 도쿄대학교에서 학제정보학 박사 학위를 받고 현재 일본 세이케대학 문학부 교수로
일하고 있다. 주요 저서로『플래시몹』, 『데모의 미디어론』 등이 있고, 『기묘한 내셔널리즘
의 시대』, 『인터넷이 낳은 문화』 등에 기고 참여했다.

21세기 데모론

1판 1쇄 찍음 2018년 11월 21일
1판 1쇄 펴냄 2018년 11월 27일

지은이 김경화·이토 마사아키
펴낸이 정성원·심민규
펴낸곳 도서출판 눌민

출판등록 2013. 2. 28 제25100-2017-000028호
주소 서울시 마포구 월드컵로10길 37, 서진빌딩 401호 (04003)
전화 (02) 332-2486   팩스 (02) 332-2487
이메일 nulminbooks@gmail.com

ⓒ 2018 김경화·이토 마사아키

Printed in Seoul, Korea

ISBN 979-11-87750-20-8 03300

• 이 도서의 국립중앙도서관 출판예정도서목록(CIP)은 서지정보유통지원시스템
  홈페이지(http://seoji.nl.go.kr)와 국가자료종합목록시스템(http://www.nl.go.kr/
  kolisnet)에서 이용하실 수 있습니다. (CIP제어번호 : CIP2018035318)